MUSLIHIDDIN MUHIDDINOV

OBRAS DO CICLO DOS LIVROS POPULARES UZBEQUES

MUSLIHIDDIN MUHIDDINOV

OBRAS DO CICLO DOS LIVROS POPULARES UZBEQUES

TRADIÇÃO E ORIGINALIDADE CRIATIVA

ScienciaScripts

Imprint
Any brand names and product names mentioned in this book are subject to trademark, brand or patent protection and are trademarks or registered trademarks of their respective holders. The use of brand names, product names, common names, trade names, product descriptions etc. even without a particular marking in this work is in no way to be construed to mean that such names may be regarded as unrestricted in respect of trademark and brand protection legislation and could thus be used by anyone.

Cover image: www.ingimage.com

This book is a translation from the original published under ISBN 978-620-7-65102-3.

Publisher:
Sciencia Scripts
is a trademark of
Dodo Books Indian Ocean Ltd. and OmniScriptum S.R.L publishing group

120 High Road, East Finchley, London, N2 9ED, United Kingdom
Str. Armeneasca 28/1, office 1, Chisinau MD-2012, Republic of Moldova, Europe
Printed at: see last page
ISBN: 978-620-7-71439-1

A monografia apresenta uma análise comparativa das obras de "Bahrom e Gulandom", as suas inter-relações, as particularidades de cada uma, bem como a emergência de um enredo único específico destas obras, cujas fontes foram estudadas numa direção comparativo-tipológica.

Esta publicação desperta o interesse de muitos investigadores e leitores de todo o mundo para as obras da literatura uzbeque sobre o tema "Bahromnoma".

Editor responsável:

Sultonmurod Olimov - crítico literário,

Chefe de redação da revista "Naqshbandiya".

Revisores:

Isroil Sulaymonov - Doutor em Ciências em Filologia,

Chefe de Departamento

Husniddin Eshonqulov - Doutor em Ciências em Filologia

INTRODUÇÃO

Na literatura oriental, foram criadas várias obras sobre Bahrom e este enredo foi desenvolvido. No entanto, "a maior parte da investigação limita-se à interpretação do desenvolvimento do tema em Navoi, não sendo estudado o desenvolvimento das obras criadas no período pós-Navoi".[1] Outro aspeto interessante da questão a este respeito é o facto de, após o século XV, esta história se ter desenvolvido de forma diferente entre diferentes povos e até se ter difundido sob diferentes formas na literatura do mesmo povo.

Na história da nossa literatura, este enredo foi desenvolvido, em certa medida, nas obras do poeta Sayqali, depois de Navoi. Pela primeira vez em uzbeque, Sabir Sayqali criou uma epopeia poética "Bahrom e Gulandom" baseada em materiais orais e escritos.

O crítico literário R. Aliev fez da análise da vida e da obra do poeta, em particular da sua epopeia "Bahrom e Gulandom", o objeto do seu trabalho científico.[2] Na sua investigação e nos artigos publicados sobre esta obra, R. Aliyev tentou criar uma biografia científica de Sayqali, a história do enredo da epopeia do poeta "Bahrom e Gulandom", os pontos de vista coerentes e louváveis sobre a mestria de Sayqali. No entanto, o crítico literário não revelou diretamente as características do enredo da epopeia de Sayqali, as suas principais diferenças em relação a outras obras com o mesmo nome, a sua interação com as epopeias do ciclo "Bahrom e Dilorom". Além disso, as epopeias da série "Bahrom e Gulandom" não foram estudadas comparativamente.

---

[1] Muslikhiddin Mhiddinov "Alisher Navoi's epic "Sab'ai sayyar" tradition and originality".Lambert Academic Publishing, 2021, página 7.

[2] R. Aliyev. "Sayqali e o seu poema "Bahrom va Gulandom"". Resumo da dissertação para obtenção do grau de candidato em ciências filológicas. Tashkent, 1964.

Em suma, a questão do desenvolvimento da trama de Bahrom, em primeiro lugar, não tinha sido totalmente trabalhada antes de Navoi, requer um estudo especial, amplo e consistente e, em segundo lugar, pode dizer-se que o período pós-Navoi da história desta trama praticamente não foi estudado. Trata-se de uma reserva por descobrir, sobretudo na literatura uzbeque. O estudo do conjunto, de todos os aspectos de todas as obras criadas na literatura do Oriente, com base no enredo de Bahrom, exige muita investigação e não cabe no âmbito de um único estudo. O nosso objetivo é estudar e investigar o valioso poder das obras uzbeques relacionadas com Bahrom. Em particular, propusemo-nos estudar o desenvolvimento evolutivo do enredo destas obras, o processo da sua conclusão pelos autores. Os aspectos relacionados com o enredo ao longo do percurso também não são descurados. O estudo das obras uzbeques sobre Bahrom não é apenas o estudo deste tema, que ainda não foi totalmente estudado de um ponto de vista científico, mas também ajuda a resolver uma série de questões relacionadas com a nossa literatura clássica.

A monografia contém informações sobre as epopeias uzbeques, as suas inter-relações e particularidades, escritas na série "Bahrom e Gulandom".

A HISTÓRIA DE "BAHROM E GULANDOM" E SUAS VERSÕES

1. A inter-relação do enredo "Bahrom e Gulandom" com o enredo "Bahrom Gor"

Na literatura uzbeque, para além do enredo associado ao nome de Bahrom Gor, ou seja, Bahrom e a criada (Bahrom e Ozoda em Firdavsi, Bahrom e Fitna em Nizami, Bahrom e Dilorom em Khusrav Dehlavi e Navoi), o enredo de Bahrom e Gulandom também está muito difundido. O enredo de Bahrom e Kanizak foi desenvolvido em "Khamsa" e é amplamente utilizado na literatura clássica e, ao mesmo tempo, difundido entre o povo. Bahrom e Gulandom começaram por ganhar fama na arte oral popular, passando depois para a literatura escrita e, em seguida, para o folclore. Na literatura uzbeque, são mais comuns as versões populares de obras escritas sobre o enredo de Bahrom e Gulandom. Embora este enredo tenha surgido mais cedo no folclore dos povos orientais, apareceu pela primeira vez na nossa literatura no século XIII, através da epopeia "Bahrom e Gulandom", de Sabir Sayqali, como exemplo de literatura escrita. Como vimos no primeiro capítulo do livro, há uma grande diferença entre o enredo de Bahrom Gor e Bahrom e Gulandom, que se moveu em "Khamsa". Embora ambos os enredos estejam relacionados com o nome Bahrom, o enredo de Bahrom e Gulandom não é uma continuação direta do enredo de Bahrom Gor. Há mais diferenças entre os dois enredos do que os aspectos próximos. Esta diferença é sobretudo visível no facto de o enredo de "Bahrom e Gulandom" aparecer no folclore e incorporar muitas características do folclore. É verdade que, a par dos acontecimentos históricos, os símbolos do folclore também contribuíram para o aparecimento do enredo de Bahrom Gor. Mas foi desenvolvido por grandes pessoas ao longo dos séculos e adaptado às exigências da literatura escrita, obedecendo rigorosamente às leis do epicurismo clássico oriental. Este estado foi conseguido especialmente na obra de perfeição sem paralelo de Navoi. O enredo da célebre história "Bahrom e Gulandom" não se resume a elementos, episódios ou características de algumas personagens, mas também a livros folclóricos distribuídos no Próximo e Médio Oriente, com uma estrutura coesa a história é semelhante ao carácter do enredo das epopeias. A aventura dos contos de fadas, os acontecimentos num espírito romântico, a participação de forças sobrenaturais (mitologia), o poder infinito e as possibilidades dos protagonistas, o facto de o curso dos acontecimentos ser sempre resolvido a favor de forças positivas (além disso, é bastante conciso e fácil), para descrever os acontecimentos do enredo e as ideias principais em relação ao carácter único do protagonista, as suas aspirações, actividades e outros sinais semelhantes dão o direito de incluir este enredo na lista dos chamados livros populares, enredos populares amorosos-românticos, heroico-aventura.

No entanto, também se sabe que, embora o enredo seja semelhante ao enredo do tipo de livros populares, também mostra a influência e as características da literatura clássica. Sentimos isso especialmente na epopeia de Sabir Sayqali. Este facto, como é óbvio, incorpora a ligação e a relação entre a literatura escrita e a criação oral. Mais tarde, discutiremos estas questões em mais pormenor. Vejamos agora as ligações e diferenças entre o enredo de "Bahrom e Gulandom" e o enredo de "Bahrom Gor". Para o fazer, começamos por citar aqui a história do enredo, que é a base de todas as obras distribuídas sob o nome "Bahrom e Gulandom". (O acontecimento que citamos agora é de carácter geral, é natural que cada obra tenha sofrido algumas alterações, e essas alterações foram mencionadas quando essas obras foram analisadas).

O rei romano era um rei sábio e justo, e a sua riqueza era inumerável, mas não tinha filhos, apesar de ser muito mais velho. Finalmente, depois de muito tempo, teve um filho e deu-lhe o nome de Bahrom. Bahrom foi criado por uma parteira e depois educado na escola. Aos 16 anos, dominava todos os ofícios e tornou-se um guerreiro e um caçador habilidoso. Regozijando-se com o seu filho, o rei chamou-o, coroou-o formalmente e deu-lhe uma parte do seu exército. Depois, exortou-o a fazer o bem à província, se fosse rei, a ser justo, generoso e prudente. Bahrom aceitou as palavras do pai e obteve dele autorização para ir à caça. No primeiro dia de caça, lutou com um leão e matou-o. Todos o elogiaram. Toda a gente o elogiou. No dia seguinte, quando foi caçar, encontrou um veado e perseguiu-o, abandonando o exército. Perdido, Bahrom subiu a uma montanha e encontrou uma mansão e um velho. Na casa do velho havia também o retrato de uma bela rapariga. Este quadro representava Gulandom, a filha do rei romano. O príncipe apaixonou-se pelo quadro e partiu, pedindo ao velho a terra da rapariga. No caminho, deparou-se com a terra dos gigantes. Quando lutou com os gigantes Sayfur, Shammos e Qammos e tentou derrotá-los e matá-los, Sarvoso, a irmã dos gigantes, apareceu e pediu a Bahrom que o perdoasse. Bahrom libertou os gigantes e estes tornaram-se amigos do príncipe. Bahrom foi um convidado querido dos gigantes, foi organizado um banquete e depois matou Aqrab, o gigante que jazia na caverna (a pedido de Sayfur), libertou Ruhafzon, genro de Sayhafur, e apoderou-se de um grande tesouro. Bahrom despediu-se então de Sayfur e continuou o seu caminho em busca de Gulandom. Quando embarcou no navio mercante e zarpou, o navio foi atacado por um tubarão. Numa altura em que as pessoas do navio estavam desesperadas, o príncipe disparou habilmente, cegou os dois olhos do tubarão e caiu no barco, cortando-o com a sua espada. Quando chegou à cidade de Roma, instalou-se num caravançarai e soube pelo cortesão da situação na cidade. Acontece que Behzodi tinha trazido um exército para a Roma búlgara para tomar Gulandom pela força e estava a sitiar a cidade. De manhã, o príncipe percorreu a cidade, mudando de roupa para as vestes do palácio. Viu o exército de Behzod. Quando já era tarde, vestiu as suas vestes e fumou o cabelo de Shammos e, quando chegou, pediu a Sayfur que trouxesse um exército. Saifur chegou com o seu exército. Liderados por Bahrom, atacaram subitamente o exército de Behzod. ("Shabokhun") Houve um grande massacre. Bahrom apunhalou Behzod na cabeça com uma lança, colocou-a no portão da cidade e, sob a qual Behzod tinha rudemente pedido o encontro de Gulandom, Bahrom colocou-o numa posição tal que este escreveu uma carta pedindo a quem quisesse o sangue de Behzod que pedisse a Bahrom. Soltou o exército de fadas, vestiu a túnica de eremita, foi para a praça em frente do castelo de Gulandom e deitou-se. De manhã, os habitantes da cidade ficaram chocados ao saberem do sucedido. Fagfurshah ficou espantado ao ler a carta debaixo da lança. Todos gostaram. O rei entregou a carta e uma lança ao tesouro. O Príncipe Bahrom angustiava-se, deitado no limiar do Palácio de Gulandom. Gulandom costumava sair do castelo de vez em quando para mostrar a sua beleza às pessoas. Um desses dias, Bahrom também assistiu ao espetáculo. Quando viu a beleza da sua amante, desmaiou e, quando voltou a si, as pessoas tinham ido embora, era demasiado tarde. O príncipe subiu ao telhado da torre, levantou a garrafa do buraco, olhou para dentro e ficou a ver a beleza de Gulandom até ao amanhecer. Outro costume de Gulandom era que, em cada Navruz, levava as suas concubinas para fora do palácio e recolhia presentes das pessoas, devido à superstição de evitar o mau-olhado. Aproveitando esta cerimónia, Bahrom colocou o seu precioso anel no prato. Gulandom viu o anel e reconheceu que o jovem era o filho do rei. Quando começou a próxima cerimónia de apresentação, a rapariga prestou especial atenção a Bahrom, os olhares cruzaram-se e o amor surgiu no coração de Gulandom. Ele ordenou a uma concubina chamada Davlat que desse notícias sobre o estado de Bahrom. Quando Davlat chegou e perguntou a Bahrom quem ele era e de onde vinha, expressou o seu amor e enviou uma carta a Gulandom. Assim, o caso de amor foi trocado entre os dois. A epopeia contém um total de dez cartas. São compostas por duas partes: na primeira parte, as palavras românticas são citadas de forma masnavi; na segunda parte, é apresentada uma história curta de acordo com o conteúdo da carta e é retirada uma conclusão. As primeiras cartas contêm os gemidos de Bahrom como verdadeiro amante, a sua devoção e a rejeição de Gulandom (não és igual a mim, és um mendigo, a tua identidade não é clara, não fizeste nada por mim, etc.). Nas cartas seguintes, Bahrom afirma que é um príncipe, a rapariga exorta-o a ser paciente, a não espalhar o nosso amor pelo país gemendo muito. Assim, Bahrom ganhou o amor de Gulandom. O jovem e a rapariga apaixonaram-se sinceramente um pelo outro. Assim termina a primeira parte da epopeia.

Não seria errado dizer que a segunda parte do enredo da obra é a sua solução e conclusão. Descreve como o pai de Bahrom procurou o filho e enviou pessoas por todo o lado, e a mensagem do príncipe foi encontrada pelo pir da montanha Ravshanzamir (o velho que mostrou a fotografia de Gulandom a Bahrom) e a chegada dos embaixadores do imperador romano à China, liderados pelo ministro Dastur, que leram a carta na lança e encontraram Bahrom. Durante o banquete, Bahrom convocou o exército de jinn-fadas de Sayfur e mostrou-o a Fagfur, que explicou como tinha derrotado o exército de Behzod. Nesse momento, Navshod chegou com um exército para se vingar de Behzod. Bahrom entrou em guerra com o exército do rei chinês e Sayfur e derrotou o inimigo. Os acontecimentos subsequentes consistem na descrição do casamento e do noivado. Gulandom casou com Bahrom e a irmã de Sayfur casou com Sarvoso Fagfur. Depois do casamento, Bahrom despediu-se do rei da China e partiu para Roma. A história termina com a tradicional frase otimista que permite a cada um atingir os seus objectivos.

O objetivo de descrever o enredo da obra com tanto pormenor é, em primeiro lugar, ter uma ideia mais completa das suas semelhanças e diferenças com o enredo de Bahrom Gor e, em segundo lugar, facilitar o estudo dos aspectos gerais e menores dos épicos uzbeques escritos neste enredo, para evitar repetições desnecessárias.

Comparemos agora estas duas séries de enredos (enredos da literatura escrita e oral) em que Bahrom é o protagonista. Antes de mais, falemos das semelhanças entre os enredos.

A exposição, que inclui os primeiros episódios do enredo de "Bahrom e Gulandom", é muito semelhante aos acontecimentos descritos nas obras de Firdavsi, Nizami, Khusrav Dehlavi e Navoi. Por exemplo, Bahrom é o único filho da família, nasceu com muito cuidado, após orações e sacrifícios à maneira de Deus, foi educado com sabedoria e coragem desde a sua juventude e a sua fome de caça encontra-se em "Shohnoma" e "Haft Paykar". Estes factos foram também brevemente mencionados em "Hasht Behisht" e "Sab'ai Sayyar". No entanto, sabe-se que em "Shohnoma" e "Haft paykar" a educação de Bahrom e os seus dotes de caçador foram amplamente discutidos. Em "Bahrom e Gulandom", estes factos são descritos de forma muito breve. Se ignorarmos a imagem da caça ao leão, verificamos que esta exposição está em tudo próxima da exposição das obras de Husrav Dehlavi e Navoi. Mas a história da caça ao leão também liga a obra às epopeias de Nizami e Firdawsi. O método de luta do príncipe contra o leão neste episódio faz lembrar a imagem dessas epopeias (tal como em "Shohnoma" e "Haft Paykar", em "Bahrom e Gulandom" o príncipe abandona o ataque do leão, agarra-lhe as duas patas traseiras, vira-o sobre a cabeça e atira-o ao chão). Os episódios subsequentes da exposição - Bahrom a perseguir um veado, a perder-se e a ver uma imagem de Gulandom - estão mais próximos de Navoi e Husrav Dehlavi do que de Firdavsi e Nizami. É verdade que, também em Nizami, Bahrom se apaixonou por um quadro de raparigas (sete paisagens no palácio de Khavarnaq), mas neste, Bahrom apaixonou-se por um dos quadros e não se apressou a ver a sua dona. Através destes quadros, Nizami previu o destino das próximas sete torres e sete princesas de Bahrom como um sinal simbólico. Em "Bahrom e Gulandom", o quadro serve para desenvolver os acontecimentos seguintes, ou seja, é o nó do enredo da epopeia. Em Sab'ai Sayyar, também mencionámos no primeiro capítulo que a demonstração do quadro de Dilorom por Moni a Bahrom serviu de nó na obra. A história da perseguição do veado é contada no final dos épicos no "Khamsa". É retirada da história de Bahrom que persegue um veado e entra numa gruta. Os acontecimentos subsequentes da história são muito diferentes do enredo de Bahrom Gor. Apenas Bahrom, descrito no Shahonoma, mudou de aparência e foi para a Índia como embaixador e os seus actos heróicos para conseguir a filha de um rajá indiano, os episódios da intimidade do príncipe com a princesa em "Bahrom e Gulandom" sem se revelar ao rei chinês, são apenas um pouco semelhantes à direção geral da imagem. Os principais acontecimentos do enredo de "Bahrom e Gulandom" (luta com gigantes, derrota dos mesmos, irmandade, guerra no mar, massacres por um amante na China) são semelhantes a outras obras de "Khamsa" em termos de características do enredo. Veja-se, por exemplo, "Farhod e Shirin". O facto de Farhad ser filho único (o pai não tinha filhos), de se ter tornado corajoso e sábio, de o pai ter convocado uma reunião para entregar o trono, Farhod apaixona-se por uma fotografia de Shirin, Os episódios da luta com Khusrav (como Behzod, que liderou um exército para capturar Gulandom e sitiou a cidade), que trouxe um exército para se encontrar à força com Shirin, são muito semelhantes às aventuras do príncipe Bahrom. No entanto, "Farhod e Shirin" é uma obra escrita com um objetivo ideológico e estético específico, pelo que termina em tragédia. Na nossa história, Bahrom juntou-se à sua amada e alcançou o seu objetivo. Neste aspeto, o enredo aproxima-se das histórias interiores de "Sab'ai Sayyor", especialmente a história de Saad. Saad também se apaixonou pela rapariga em segredo e, com a ajuda dos heróis lendários, bem como de um velho sábio, conseguiu conquistar a rainha.

Assim, o enredo de "Bahrom e Gulandom", em algumas partes e aspectos, está relacionado com o enredo de Bahrom Gor, que vagueava em "Khamsa", mas difere dele pelos seus episódios principais. Os acontecimentos que compõem o desenvolvimento, o culminar, a solução e a conclusão do enredo são completamente diferentes em termos de conteúdo, tema, método de representação, o que mostra que a obra é uma nova forma de história com um enredo independente.

Com um enredo diferente, o conteúdo ideológico da obra, o sistema de símbolos, o seu carácter, o modo de formação e desenvolvimento assumem uma forma diferente. Em primeiro lugar, deve notar-se que as obras escritas no enredo de Bahrom Gor com a história "Bahrom e Gulandom" diferem em termos de tema. O tema principal da obra escrita no enredo de Bahrom Gor: "Shohnoma" - heroísmo e justiça (o reino em segundo plano), Soberania e amor em "Haft Paykar" (heroísmo em segundo plano), amor e diversão em "Hasht Paradise" (o heroísmo é impercetível) - episódios de caça, regra, a questão de governar o país é deixada, em "Sab'ai Sayyar" - a questão do amor e do reino (sem heroísmo). O tema principal da história "Bahrom e Gulandom" é o amor. É verdade que o heroísmo também desempenha um papel importante na história, mas não é a questão central. O enredo baseia-se no tema do amor, ao qual o heroísmo está subordinado. Mas embora o tema pareça próximo, o método de solução artística e o estilo não são inteiramente os mesmos.

Na epopeia de Bahrom Gor em "Khamsa", Bahrom é encarnado como um grande rei dos sete climas, uma pessoa orgulhosa e ambiciosa. Era um homem excessivamente orgulhoso do seu poder e das suas capacidades. Quer que todos lhe obedeçam, que façam o que ele diz, e tende a passar a vida no luxo. Sentia-se atraído pela bela donzela, mas não era um amante fiel e verdadeiro (em Navoi, apesar de ter mudado muito no final da peça e de amar sinceramente Dilorom, não voltou atrás e morreu na caçada). O seu orgulho e arrogância reais perturbam o amor. Por isso, não suportou as palavras de verdade da donzela e atirou-a para o deserto. Isto é contrário ao verdadeiro amor. Entre as obras escritas sobre o enredo de Bahrom Gor, verificámos que a imagem do protagonista é muito mais complexa na epopeia de Navoi. É a que melhor descreve a luta entre o amor e o reino, entre o amor e o afeto. A criada comprada, que ocupava a mente de Bahrom, Dilorom é privada dos direitos humanos, por mais bela que seja. Embora o rei amasse Dilorom de todo o coração, não a tratava como igual, mas como uma bela criatura que satisfazia sentimentos e prazeres. Dilorom é apenas um instrumento de amor, uma arma.

Bahrom em "Bahrom e Gulandom" é um amante corajoso e heroico, um herói corajoso e empreendedor que facilita os problemas das pessoas, estende a mão nos dias difíceis. Apesar de ser um príncipe (apesar de ser um herói que esmagou os inimigos que invadiram a terra natal de Gulandom), não foi arrogante perante a sua amada, não tentou apoderar-se dela à força (Bahrom Gor trouxe Dilorom com dinheiro e poder). O príncipe estava à porta do palácio da amante como o dervixe, revelando pacientemente o seu amor e devoção em cartas ardentes, e finalmente encontrou o caminho para o coração da rapariga e alcançou o seu objetivo. Como resultado, o amor surgiu com base no consentimento mútuo e na igualdade. Bahrom lutou pelo amor e venceu demonstrando heroísmo, esforçou-se apenas por atingir o objetivo, e todas as suas actividades visavam esse objetivo.

Gulandom é uma rapariga esperta, bonita e inteligente. Ela amava Bahrom não por ele ser um príncipe, mas pela sua coragem e bravura, pela sua firmeza e lealdade no amor. A rapariga tinha liberdade para escolher o seu companheiro. O pai não se pronunciou sobre isso, mas concordou com a opinião dela. Os outros símbolos em "Bahrom e Gulandom" são símbolos móveis independentes. Não são os únicos que obedecem à vontade de Bahrom, como em "Sab'ai Sayyar". Mesmo quando ajudaram o príncipe, não o fizeram por execução da sua ordem, mas por amizade e fraternidade (Sayfur e outros). O príncipe Bahrom é um homem corajoso e invencível, bem como uma pessoa compassiva, misericordiosa, justa e que procura a verdade, que se esforça por fazer o bem às pessoas, para estabelecer a paz e a tranquilidade.

Outro aspeto caraterístico do enredo de "Bahrom e Gulandom" é que o final da história não é tão trágico como em "Khamsa", mas sim otimista. (A propósito, a alcunha "Gor" de Bahrom em "Khamsa" é também um sinal do seu trágico e misterioso desaparecimento). Do que precede, pode concluir-se que o enredo de "Bahrom e Gulandom" surgiu sob a influência da literatura clássica (falaremos sobre as causas e a difusão deste enredo nas páginas seguintes), mas, em alguns aspectos, está relacionado com o enredo de Bahrom Gor em "Khamsa". A parte principal é completamente diferente. A epopeia também difere deles pelo seu conjunto de símbolos, estrutura composicional, método e estilo. Na nossa opinião, a história de Bahrom Gor atingiu gradualmente o seu ponto culminante quando se afastou do seu contexto histórico e se tornou uma epopeia romântica mais completa, sob a forma de romance, na obra de Navoi.

O enredo de "Bahrom e Gulandom", associado ao nome de Bahrom, é a segunda direção deste desenvolvimento, que surgiu entre o povo e adquiriu as características das lendas populares e dos contos de fadas. A natureza das personagens, o carácter de conto de fadas do enredo, a presença de forças sobrenaturais, o domínio do estilo e do imaginário existentes nas epopeias populares testemunham esta ideia.

Ao mesmo tempo, é de notar que R. Aliev[1] , que realizou uma investigação sobre a obra de Sayqali "Bahrom and Gulandom", concordou com a opinião de A. A. Semenov de que o enredo da epopeia é radicalmente diferente das obras da série Bahrom Gor[2] , considerando-a uma continuação do enredo das obras de Firdawsi, Nizami e Navoi[3] . Comparou a imagem de Bahrom na epopeia com a de Bahrom Gor, salientando que a sua principal diferença era o facto de ser um "príncipe livre"[4] . Segundo ele, Bahrom em Sayqali é "um herói ideal sem quaisquer más qualidades".

É verdade que "Bahrom e Gulandom" reflecte o pensamento do povo. Bahrom é retratado como um lendário poderoso, uma pessoa nobre. "Bahrom e Gulandom" é uma aventura, uma epopeia popular. Todas as suas características decorrem deste facto. Nestas obras, o confronto agudo de forças opostas não é uma luta de dois lados, mas as actividades do protagonista, o seu heroísmo, as suas vitórias na consecução dos seus objectivos desempenham um papel central. Por conseguinte, é ilógico exigir uma "contradição aguda" a partir daqui. Mas há uma contradição em qualquer obra de arte. Mas o seu carácter é diferente. Em particular, há uma contradição neste enredo. A contradição aqui é entre o amor de Bahrom e as dificuldades de o alcançar. Bahrom apaixonou-se por Gulandom quando viu o quadro (o nó da obra), mas como chegar a Gulandom, será que a rapariga o ama, o que fazer para conseguir um encontro com ela? Questões semelhantes ocupavam a mente do protagonista. Todos os outros acontecimentos, todos os trabalhos de Bahrom são os trabalhos efectuados para que isso aconteça. O ponto culminante da epopeia é a troca de cartas entre Bahrom e Gulandom. Foi aqui que o jovem se apaixonou pela rapariga

---

[1] Aliev R. Sayqali e a sua epopeia "Bahrom e Gulandom". Dissertação de doutoramento. T., 1964. inv. R.D. 943.

[2] Ver: Coleção de Manuscritos Orientais. Fan. T., II volume. p. 233.

[3] Aliev R. Sobre Sayqali e a sua obra "Bahrom and Gulandom". Fan. T.1960. p 12

[4] R. Aliev. Sobre a epopeia de Sayqali "Bahrom e Gulandom". // Revista "Issues of Uzbek language and literature". 1960s. Número 1. p 93.

- encontrou uma forma de atingir o seu objetivo. A composição da obra, a localização dos acontecimentos é também muito apropriada. A imagem de Bahrom não aumenta, mas as suas características são reveladas durante os acontecimentos. O símbolo dinâmico ocorre em obras nitidamente contraditórias. Os símbolos do tipo de aventura "Bahrom e Gulandom" são símbolos de carácter já prontos.

Assim, o enredo de "Bahrom e Gulandom" é, de facto, um enredo com um traço folclórico caraterístico. As obras nele contidas são "épicos folclóricos típicos"[1] , que são dominados pelo "elemento romântico-heroico e aventuras lendárias de devoção cavalheiresca"[2] , com estas características difere da literatura escrita com um amplo quadro psicológico.

---

[1] 2 A.A. Guacharia. "On the Persian and Georgian versions of" Bahram and Gulandam "// Journal of the Peoples of Asia and Africa. 1967. No. 2. p. 114.

[2] V. I. Zhirmunsky, H. Zarifov. Epopeia heróica popular uzbeque. M. 1947.p.50-51.

2. Versões do enredo "Bahrom e Gulandom" na literatura dos povos orientais e versões uzbeques

Existem muitas obras na literatura uzbeque chamadas "Bahrom e Gulandom". No entanto, as suas inter-relações, não só as particularidades de cada uma, mas também o local e o momento do aparecimento de um único enredo, que é único em todas estas obras, e as suas fontes ainda não foram suficiente e exaustivamente estudados.

Na sua investigação, R. Aliyev[1] observou que os acontecimentos da epopeia "Bahrom e Gulandom" criada por Sabir Sayqali são semelhantes à prosa persa "Príncipe Bahrom e Malikai Gulandom" e ao conteúdo da epopeia "Bahrom e Gulandom" de Fozil Yuldash oglu. No entanto, não se pode dizer que o enredo destas obras não seja claro e que os diferentes aspectos do enredo das epopeias sejam também vivamente revelados.

Num dos seus artigos, o orientalista K.G. Korogli afirmou que a fonte da epopeia Sayqali era uma história em prosa persa popular e repetidamente litografada (o autor do artigo, por alguma razão, refere-se a esta obra como uma "epopeia"[2]) e comparou os enredos destas duas obras para identificar semelhanças. O autor também assinalou as particularidades do estilo Sayqali. No entanto, H.G. Korogli também não está interessado em saber de onde veio a história em prosa.

O artigo do crítico literário A.A. Gwahariya "On the Persian and Georgian versions of "Bahrom and Gulandom""[3] afirma que, para além da

---

[1] Aliev R. Sayqali e a sua epopeia "Bahrom e Gulandom". Dissertação de doutoramento. T., 1964. inv. R.D. 943.

[2] H.G. Korogli. Dastan "Bahram e Gulandam" Saiqali e a sua origem // Journal of the Peoples of Asia and Africa. No. 2. 1967.p.107.

[3] A.A. Gwaharia. Sobre as versões persa e georgiana de "Bahram va Gulandam" // Journal of the Peoples of Asia and Africa. 1967. No. 2, p. 114.

versão em prosa da história, existe também uma versão poética persa, cujo autor se chama Muhammad Amin. Segundo ele, existem cópias desta epopeia nas colecções de manuscritos de Dushanbe e Tbilisi. Diz-se também que as epopeias de Muhammad Amin foram registadas nos catálogos Ryo e Ete. Falando sobre as fontes do enredo, A.A. Gwahariya citou também a opinião do crítico literário iraniano Mohammad Jafar Mahjub como sendo uma versão reelaborada de "Haft Paykar" de Nizami a partir dos contos "Bahrom and Gulandom".

Qadir Fattahi Qazi, que investigou a versão curda de Bahrom e Gulandom, traduziu e analisou a epopeia curda e comparou-a com a persa, embora não tenha dado uma descrição exacta do período e das fontes da obra, observando que um conhecido crítico literário, Said Nafisi, afirmou: "Desde o século X, recebemos uma série de livros, os mais importantes dos quais são "Iskandarnoma" ("Tradição Grega"), "Hamsa War", "Forty Parrots", "Chahor Dervish", "Bahrom and Gulandom", "Hotami Toy", "Dostoni Amir Arslan"[1] e outros pequenos livros", a fonte de "Bahrom e Gulandom" é o folclore, embora salientando que esta lenda teve origem em epopeias como "Amir Arslan", alguns dos seus aspectos assemelham-se à epopeia "Vis Romin" (Fakhriddin Gurgani - século XI), mas sofreram alterações nos séculos posteriores.[2]

As opiniões de Said Nafisi, Qadir Fattahi Qazi e Manuchehr Marzuvi permitem tirar as seguintes conclusões: 1. A origem do enredo de "Bahrom e Gulandom" remonta aos séculos X-XI. 2. Esta epopeia, tal como outros exemplos de folclore, nasceu com base na fantasia popular. Estamos basicamente de acordo com isso. No início da versão persa, afirma-se que a origem da epopeia é anterior ao século XIII, "mas os narradores e os

---

[1] Qadir Fattahi Qazi "Bahrom and Gulandom", Tabriz-1968.p 2.
[2] Ibid.,p 2-3

narradores das obras do "Jami 'al-Hikayat" dizem que ele", informação que também se confirma em certa medida. Porque é evidente que o "Jome'-ul Hikoyat" (uma coletânea de vários mitos e histórias que estavam difundidos entre o povo) foi escrito no século XIII. É também de salientar que algumas das epopeias que surgiram como exemplos de folclore são também influenciadas pela literatura escrita. "Bahrom e Gulandom" é uma dessas histórias e, neste aspeto, difere de "Chor dervish", "Amir Arslan".

Pelo exposto, é evidente que esta epopeia é de origem persa e está muito difundida entre os povos do Médio Oriente (uzbeque, georgiano, curdo, etc.). Mas este enredo não é o mesmo em todo o lado. Por exemplo, o enredo da versão curda é bastante diferente do persa e do uzbeque, são introduzidas novas personagens, novos acontecimentos, os episódios são analisados de forma diferente. As versões uzbeques de "Bahrom e Gulandom" também são diferentes. Até à data, três epopeias (obras de Sayqali e Fozil Yuldosh Ogli e uma tradução em prosa de Sidqiy Khandayliqi) foram conhecidas em uzbeque sob o nome de "Bahrom e Gulandom". No entanto, a investigação mostra que no fundo de manuscritos do Instituto de Estudos Orientais, com o nome de Abu Rayhon Beruni, da Academia das Ciências do Usbequistão, existe uma outra epopeia uzbeque "Bahrom e Gulandom", com o número de inventário 719. O autor (ou narrador) desta epopeia é desconhecido. É próxima de "Bahrom e Gulandom", de Fozil Yuldash Ogli. A obra foi provavelmente narrada por um bakhshi no final do século XIX, como o atesta o ano da sua cópia (1814-1896).

Além disso, na obra de N.P.Ostroumov "Narodnye skazki sartov"[1] ("Sartov folk tale") há informações sobre o "Príncipe Bahrom" (tsarevich shahzade Bahram), cuja história é transmitida entre o povo de boca em boca e o enredo do épico é narrado. De acordo com o enredo, trata-se de uma

---

[1] Materiais etnográficos. Edição P. Tashkent. 1893. p. 8.

versão oral de "O Príncipe Bahrom e Malikai Gulandom". O desenvolvimento dos acontecimentos na literatura uzbeque "Bahrom e Gulandom" tem muito em comum em termos de enredo, bem como as suas muitas diferenças e peculiaridades. Estas diferenças tiveram um impacto no conteúdo ideológico dos épicos e na essência dos símbolos. Em todas as epopeias, o início dos acontecimentos é o mesmo - os pormenores que constituem a exposição e o nó são os mesmos. As aventuras de Bahrom, episódios do seu heroísmo, embora a introdução e a solução, bem como a participação das personagens no desenvolvimento do acontecimento principal, sejam semelhantes nestas obras, mas os pormenores do enredo, a fundamentação dos acontecimentos, o comportamento e o discurso das personagens, a formação e concretização das personagens, a revelação do mundo interior das personagens, a utilização de métodos literários, estas epopeias diferem em estilo. Por conseguinte, cada um deles tem um valor estético e um poder de impacto distintos, que requerem uma consideração especial.

3. Sobre a epopeia "Bahrom e Gulandom" de Sabir Sayqali

Sabir Sayqali Hisori é um poeta talentoso que deixou uma marca especial na história da literatura uzbeque. Sete epopeias bem conhecidas, por ele escritas ("Qissai Ibrahim Muhammad", "Qissai shahzoda Bahrom va Malikai Gulandom", "Qissai Hamro va Hurliqo", "Ravzatush shuhado", "Akhtamnoma", "Vaysul qaran", "Zaynul arab"), são testemunho disso.

Segundo os investigadores, o poeta viveu na segunda metade do século XVIII.[1] Sayqali escreveu com angústia que vivia com dificuldades materiais e espirituais, que o seu tempo era como um calabouço, que sofria de tristeza:

Alamdin bag'ri kuygan zordurman,

Sitamdin siynasi afgordurman.

Qazoyi qismatimni mubtalosi,

Falak urg'on g'aribu mubtalosi...

Ajab tole' siyah, baxti qaroman,

Mag'oq dardida qolg'on mubtaloman

Suvorim - g'am, libosim kulfatimdur,

Na yerda mehnatim ham ulfatimdur...[2]

Rahim Aliyev utilizou a epopeia do poeta "Bahrom e Gulandom" como objeto de estudo, tendo realizado um bom trabalho de preparação da obra para publicação. No entanto, este trabalho não revela todas as características

---

[1] R. Aliev. Sobre Sayqali e a sua obra "Bahrom and Gulandom". Saiqaliy. Bahrom e Gulandom. Fã. T. 1960.p. 6. H.G. Korogli. Dastan "Bahram e Gulandam" Saiqali e a sua fonte. // Journal of the Peoples of Asia and Africa. 1967. No. 2.
[2] Saiqaliy. "Bahrom e Gulandom". Fan. T. 1960. pp. 212-213.

da obra do poeta. O estudo da biografia de Sayqali e de algumas das suas epopeias ainda não foi objeto da atenção dos críticos literários. Também a epopeia "Bahrom e Gulandom" não foi analisada em pormenor. No entanto, não temos a oportunidade de estudar esta obra extensivamente e em profundidade. Talvez queiramos refletir sobre as questões que o nosso trabalho exige, ou seja, o enredo da epopeia de Sayqali, a sua ligação com o enredo de outras obras com o mesmo nome, as diferenças, a habilidade do poeta a este respeito. A epopeia de Sayqali teve uma grande influência nas obras deste género criadas depois dele. Por isso, o estudo das suas particularidades é também importante para o estudo das epopeias posteriores. Para este efeito, para além da cópia publicada por Rahim Aliyev, também nos referimos diretamente aos manuscritos da epopeia. Porque as deficiências da cópia em prosa são muitas. Contém muitos defeitos ortográficos e estilísticos, para além da omissão de um capítulo da obra (o capítulo que descreve o resgate de Ruhafzo por Bahrom) e de outras passagens inteiramente significativas. Os títulos dos capítulos foram copiados por engano. De acordo com o seu próprio testemunho, Sayqali completou a epopeia "Bahrom e Gulandom" em 1201 A.H. (1786 d.C.).[1] O poeta afirma que, ao escrever a sua obra, se baseou numa epopeia antiga ("Dostoni kohan") e purificou-a (recriou-a) com um novo padrão, como se segue:

Manam o'z holima andoza qildim,

Bu dostoni ko'hanni toza qildim.

Mas que tipo de "epopeia" é esta, em que língua foi escrita, por quem foi escrita? O autor não forneceu informações sobre isso. Só podemos encontrar a resposta a esta pergunta estudando os acontecimentos descritos na obra.

---

[1] Duzentos e um da história do Profeta,
   Esta edição está terminada.

Analisando a epopeia de Sayqali "A história do príncipe Bahrom e de Malikai Gulandom", torna-se claro que a "epopeia antiga" a que o poeta se refere "A história do príncipe Bahrom e de Malikai Gulandom" é em persa-tajique. Esta obra é maioritariamente composta por prosa e, ocasionalmente, por alguns versos poéticos. A história era popular entre o povo e foi publicada em litografia no Irão, na Índia, no Paquistão e em cidades da Ásia Central várias vezes nos séculos seguintes.

Os episódios da epopeia de Sayqali, o desenrolar dos acontecimentos, os muitos pormenores, a ideia que o conteúdo avança, as principais conclusões correspondem a este texto em prosa. Os nomes dos protagonistas, os locais dos acontecimentos, a composição da história também não mudaram. Mesmo o significado de alguns versos é exatamente o mesmo que num texto em prosa.

Por exemplo:

"Em Roma, havia um rei que era sábio e prudente, e tinha muitas riquezas e inúmeros tesouros... ", diz-se em Sayqali

> Bor edi podshohe kishvari Rum,
>
> Ajab oqilu dono xush takallum,
>
> Ko'p erdi molu ashyosi jahonda,
>
> Xazinalar qo'yib erdi nihonda. (Página 21)
>
> (Havia um rei romano,
>
> Incrivelmente sábio e sensato,
>
> Há tantas coisas no mundo,
>
> Os tesouros foram deixados para trás).

Ou:

Ó meu filho, a essência de um rei é o patriotismo e a erradicação da opressão...

Em Sayqali:

Adolatliq raiyatparvar o'lg'il,

Ki to xalqi jahong'a sarvar o'lg'il.

Ki miskinlarni arzin anglag'il boz,

Asirlarni yana qilg'il sarafroz.

Tarahhum qil yetimlar holig'a sen,

Amal qil yaxshilar a'molig'a sen.

Muruvvat birla baxshishni shior et,

Hamisha yaxshiliqni ixtiyor et.

Ki aql-tadbir birlan aylag'il kor,

Bularni bil, bular har vaqtda darkor. (Página 24).

Os versos poéticos de uma variante persa semelhante correspondem também à frase:

Alo ey oftobi burji shohiy,

Ruhat majmuai lutfi ilohiy.

Shudam hayroni ruxsori chu mohat,

Dilam oshuftai zulfi siyohat.

Zi hijronat dili purdard doram,

Labi xushku jabini zard doram.

Em Sayqali:

Ayo ey oftobi burчi shohiy

Yuzung majmuai lutfi ilohiy.

Bo'lubmen hayrati ruxsori mohing

Ko'ngul oshuftai zulfi siyohing.

Ki hajringdan erur siynamga yuz dard,

Zulolingdan labim xushku ruhum zard. (Página 93)

Mas, apesar disso, a obra de Sayqali tem muitas qualidades únicas. Cantou uma nova história persa, como admitiu, actualizando a antiga epopeia ("Fi-lo de forma limpa"). Embora a história corresponda à "História do Príncipe Bahrom e de Malikai Gulandom" no que se refere à direção do enredo, à composição e aos acontecimentos, mas, segundo G.G. Korogli, "nem todos os episódios e pormenores"[1] são iguais, o prefácio poético (elogio), o facto de se dirigir ao barman, a colocação de ghazals e muhammads, a utilização de novas metáforas, a colocação de títulos concisos são também uma forma de subestimar o trabalho de um poeta talentoso.

Em primeiro lugar, deve notar-se que Sabir Sayqali criou uma grande e completa epopeia poética a partir de um conto em prosa, cuja obra é dez vezes superior ao conto persa no seu valor e significado artístico e estético. O poeta assegurou a perfeição das personagens no enredo, que incorpora os sentimentos do seu coração, as suas opiniões sobre o amor, em que os símbolos das personagens são mais vívidos, logicamente baseados,

---

[1] H.G. Korogli. Dastan "Bahram va Gulandom" Sayqali e a sua fonte. // Journal of the Peoples of Asia and Africa. 1967 No. 2. p.107.

espiritualmente ricos e activos. Sayqali, ao dar à obra um brilho artístico, refinou e embelezou mais a sua linguagem, reformulou o enredo e trouxe-o para a literatura escrita. A epopeia de Sayqali "A História do Príncipe Bahrom e de Gulandom" é um dos livros populares mais populares, mas serve também de ponte entre a literatura escrita e o folclore, demonstrando a sua interação. É de notar também que o enredo da epopeia de Sayqali não é exatamente o mesmo que o de uma história em prosa. Na obra de Saiqali, o enredo é muito mais complexo. A interligação dos acontecimentos, a fundamentação, é completa. A título de exemplo, tomemos o caso da troca de cartas entre Bahrom e Gulandom. Na versão em prosa, a imagem da cerimónia de apresentação do rosto da princesa é dada a seguir à imagem de Bahrom, com uma túnica de eremita, deitado na praça do palácio de Gulandom e a gemer. É então narrado que Bahrom levantou a janela do buraco à noite e observou a beleza da rapariga, no dia de Navruz, quando Davlat foi à reunião "kushoyish" ("angariação de fundos"), o príncipe deu o anel, depois Gulandom, apercebendo-se pelo anel que Bahrom era filho do rei, olhou para ele com especial atenção quando saiu para a cerimónia de apresentação do rosto e, quando regressou ao palácio, enviou Davlat a Bahrom. Sayqali não mencionou a segunda cerimónia de apresentação de Gulandom na sua epopeia. Em vez disso, é descrito outro acontecimento. Ao ver o anel, Gulandom, apercebendo-se de que o jovem estava apaixonado, desceu do trono e olhou pela janela para Bahrom:

Turub taxt ustidan ul dam Gulandom,

Darichadan boqardi so'yi Bahrom.

Os olhos da rapariga cruzaram-se com os de Bahrom, olharam um para o outro e os seus corações derreteram-se:

Ko'rib anda Gulandom ro'yi Bahrom.

Ziyoda bo'ldi savdoyi Gulandom.

Bo'lub shahzodaning husnig'a banda,

O'zin bir soate ko'rguzdi anda.

Gulandom regressou então ao trono, ignorando este ato, e derramou a sua dor sobre as donzelas, expulsou-as de casa e derramou lágrimas em segredo. A rapariga apaixonada pelo príncipe:

Ani har dam muyassar bo'lsa ko'rsam,

Yuzin har lahza yuz ko'rsam erur kam -

gemeu ela. Depois chamou Davlat e disse-lhe para ir buscar informações a este jovem, para lhe perguntar quem era e de onde vinha e..:

Ey yori alam ko'rgan, qaydin kelasan, ayg'il,

Ko'p jabru sitam ko'rgan, qaydin kelasan, ayg'il -

deu uma carta com um ghazal que começa com um verso. Assim, a primeira carta é enviada por Gulandom. A maior parte das cartas seguintes (cartas 2-8) são semelhantes em conteúdo à variante persa: se ele escrevia exprimindo o seu amor com um gemido, Gulandom recusava com capricho "experimentá-lo", repreendia o jovem, dizendo: vai-te embora, és baixo, és um mendigo, não és igual a mim. Davlat levava-lhes as cartas. Em Sayqali, para além do conteúdo em persa, é acrescentada uma gazela a cada carta. No entanto, o conteúdo das últimas 9,10,11 cartas mudou consideravelmente, a exatidão da descrição dos acontecimentos aumentou. Em persa, a identidade de Bahrom é também questionada em várias cartas. Numa das últimas cartas, Bahrom declara o seu principado, Gulandom fica satisfeito e aconselha-o a ser paciente e a carta termina com isto, passando a uma descrição do que está a acontecer em Roma. Na obra de Sayqali, na 9ª carta, Gulandom pergunta com firmeza quem é Bahrom, se não disseres quem és - pronto, escreveu outra carta:

Oting kimdur, diyoring qaysidur, bas,

Bu so'zlarni deyursan aylamay tars!

Ki san darvesh - darveshvor bo'lg'in,

O'zungni tenglaringg'a yor bo'lg'il!

Agar Bahromsan bildir o'zingni,

Ki naf'i yo'qturur unga so'zingni.

Ki bu daf'a yuborganda xatingni,

Otingni ayt, otingni ayt, otingni!

Otingni aytmasang yubormag'il xat,

Aroda charchadi bechora Davlat. (Página 111)

Bahrom não disse o seu nome, mas afirmou que era o filho do rei. No final da carta, convida Gulandom para um passeio no jardim - um encontro. Gulandom ficou contente e escreveu a última carta. Nela, a rapariga falava em ser paciente, para não dar a conhecer o seu amor às pessoas, e em não se lamentar demasiado. É interessante notar que, em persa, Gulandom não teria concordado se Bahrom não fosse filho do rei, sabendo que ele era um príncipe, e concordou com a sua última carta, cujo significado é refletido. Sayqali explica porque é que perguntou a Bahrom quem ele era, porque ela tinha dito abertamente que o amava.

Ko'ngil bo'ldi saning ishqingga moyil,

Vale bordur oroda necha hoyil.

Biri bo'lkim o'shal Bahrom bo'lsang,

Va yo bir shohi boanjom bo'lsang,

Qabul etkoydi andin so'ngra otam,

Budur hoyil, ayo sohibi xotam.

Agar chandi qabul etsam sani man,

Qabul etmas otam fikr aylag'il san. (Página 117)

Por isso, amava tanto o jovem que o reino não lhe interessava, mas sabia que, se o noivo não fosse um príncipe, o pai não lho daria. Por isso, o facto de Bahrom ser um príncipe eliminou os obstáculos ao florescimento do seu amor.

Depois de Davlat ter entregue a última carta, Bahrom pediu-lhe que deixasse Gulandom encontrar-se uma vez:

Degil borsang, o'sha shirin kalomim,

O'zi kelsun, alik olsun salomim.

Bayon aylay anga rozi nihonim,

Yo'q armon so'ngra tandin chiqsa jonim. (Página 121)

Davlat também incitou a sua princesa a concordar:

Ey gulim, kel, ul yigitga va'dayi xomingni qo'y,

Sarfaroz aylab aning sorig'a san gomingni qo'y. (Página 122)

Gulandom concordou e saiu com as raparigas para o jardim, com o pretexto de passear pelas flores da primavera. Sayqali descreveu este episódio com emoção e versos maravilhosos. As criadas saíram à frente de

Bahrom, que estava a brincar, e ele leu um ghazal para as raparigas. As raparigas foram contar o facto a Gulandom. Gulandom foi ter com Bahrom com a mesma desculpa de que também o iria ver e, entretanto, começou um debate interessante. Este debate tem a forma de um lapar, no qual o conteúdo mencionado nas 10 cartas é repetido. No entanto, os poemas são em tom humorístico, simples e fluentes em vernáculo, o que confere ao poema um encanto especial. Eis alguns versos:

Ey, falak urg'on, alamlik malbusi sholim, gapur.

Ne sababdin san bu rasvolikda bo'lding mubtalo?

Emdi izhor ayla ich dardingni abdolim, gapur.

Aydi shahzoda: - Meni arzimni ey mohim, eshit,

Holima ermas tonuqlik, nolau ohim eshit,

Sandin o'zga hech kishi holimni so'rg'on yo'q edi,

Aytayin dardimni kam-kam, duxtari shohim eshit.

* * *

Aydi shahzoda: - Bihishti jovidonim san maning,

Havz kavsardin xabar aytur labi qirmizlaring.

O'lsam armonim yo'q erdi, ey go'zallar sarvari,

Qo'ltug'um tahtig'a bo'lsa bo'yla bolin tizlaring.

Aydi Gulandom: - Ayo, ey esi ketgan bulhavas,

Bas bu holing birla ko'nglung ancha-muncha istamas.

Har kishi o'z holini bilib gap ursa yaxshidur,

Xo'b yaroshur qo'ltug'ungni ostig'a bir dasta xas. (Pp. 131-132)

Depois da discussão, Gulandom, ao receber uma resposta, entrou no castelo com as suas filhas. Bahrom está novamente num estado de separação. Depois, o poeta começa a falar do pai de Bahrom.

Com isso, o autor criou uma sequência de acontecimentos, um certo sistema e a lógica da interligação dos episódios, criando uma naturalidade, dando vitalidade, completude ao carácter dos protagonistas, reforçando a autenticidade da imagem. Na versão persa, a imagem de Gulandom a apaixonar-se por Bahrom, o seu amor por ele, parece um pouco obscura, como se os seus argumentos e respostas fossem infundados. Provavelmente por esta razão, parece que ela casou com Bahrom não porque o amava, mas porque ele era um príncipe e derrotou Behzod. Além disso, a imagem da rapariga é bastante abstrata e é dominada pelas qualidades de autoconfiança e arrogância. Gulandom, que é mencionada na epopeia de Sayqali, olhou pela janela, apaixonou-se pelo jovem, afastou as raparigas e chorou em segredo, foi a primeira a enviar uma carta, as suas palavras na última carta e, finalmente, foi dar um passeio no jardim, a frase lapar de Bahrom - tudo isto trouxe vitalidade, vitalidade aos acontecimentos, mostrou os aspectos especiais do carácter da princesa, personificou-a como uma rapariga com amor puro aos olhos do leitor. O comportamento, a cautela, a eloquência, a delicadeza, as sugestões e as alusões de Gulandom são, a nosso ver, retratados não como uma espécie de princesa lendária, mas como uma rapariga uzbeque guardada entre quatro paredes. Assim, Sayqali descreveu Gulandom não como um amante que se apaixonava pela sua beleza, mas como um amante que respondia ao amor de Bahrom com amor. Bahrom também é aperfeiçoado à sua imagem. Há outras aplicações na epopeia de Sayqali. Serviram também para a maturidade artística da obra, para o desenvolvimento do enredo. A epopeia de Sayqali pode ser considerada uma obra lírico-épica. Porque nela há muitos lugares líricos. O poeta fez com que os amantes, o pai e o filho, os amigos e os irmãos falassem de uma forma emocionante e excitante. Para isso, utilizou eficazmente os géneros poéticos clássicos - ghazal, muhammas, musaddas. Através deles, revelou o mundo interior, o pulsar do coração, as emoções dos heróis, fê-los cantar. O poeta deu o seu apelido a todos os ghazals e muhammas, sublinhando a sua sensibilidade e ligação ao coração do autor. Cada um destes poemas líricos é uma obra única e perfeita, e se todos eles forem reunidos e formarem uma coleção, não há dúvida de que se tornará uma das colecções mais significativas e amadas. Os poemas de Sayqali, com o seu estilo e linguagem, fazem lembrar os puros contos populares uzbeques, a poesia popular de grandes poetas como Mashrab, em harmonia com eles, e juntam-se ao oceano da poesia popular com a sua origem.

Ey mahim, sarv sihim, bog'im, bahorim bir bolam,

Vey amirim, safdarim, el e'tiborim bir bolam,

Ey azizim, tavsani davlat surorim bir bolam,

Vey shahi Rustam inonim, tojdorim bir bolam,

Qolmadi sansiz mani bir dam qarorim bir bolam.

Man netay sansiz bu joni bevafoni dunyoda,

Man netay sansiz bu umri bebahoni dunyoda,

Man netay sansiz charog'i beziyoni dunyoda,

Man netay sansiz duru qimmat bahoni dunyoda,

Yo'q sog'inmoqdin digar hech ixtiyorim bir olam...

O poeta foi capaz de exprimir a dor de um pai que perdeu o filho de uma forma tão simples, fluente e comovente. Esta é uma das características que tornaram esta epopeia de Sabir Sayqali popular entre o povo. Esta epopeia influenciou a vida literária subsequente com estas características notáveis.

4. Sobre a epopeia, cujo autor é desconhecido

Os 719 manuscritos do inventário conservados no Fundo de Manuscritos do Instituto de Estudos Orientais com o nome de Abu Rayhon Beruni da Academia de Ciências do Usbequistão são compostos por 67 páginas, a letra é nasta'liq, a escrita é rugosa, o papel é branco-amarelado brilhante.

O manuscrito não tem início. Começa com os seguintes versos:

> ...buni davlati bo'lg'ay ziyoda,
>
> Podshohlardan duo olgan yigitning.
>
> ... siz bo'lmas dunyoning kori,
>
> Yig'durding bir yera elatning bori.
>
> Yomon hamroh bo'lur tingla mahshari,
>
> Elatning qudratini bilan yigitning -

Depois, na primeira página, fala-se de Yusufbek, Ahmadbek, Ayhon, Erali. Estas cartas são-nos conhecidas dos épicos da série Gorogly. Aparentemente, o manuscrito continha vários (pelo menos dois) épicos, mas faltavam os cabeçalhos do livro. Parte do início da epopeia "Bahrom e Gulandom" também caiu. Não existe qualquer escrita a meio da segunda página, onde começa esta obra. A epopeia começa com um diálogo entre o rei Kishvar e o ministro Dastur:

> Dardini aytayin manga quloq sol,
>
> Bir sababdan ohu afg'on ayladim.

O ministro Dastur:

Yoki ko'ngul berding bir parizoda,

Aqlingni oldirib qolibsan doda,

Sabr etsang yetarsan shohim muroda,

Muncha nega ohu nolon etarsan!

O Rei Kishvar:

San eshitgil, dodu bedod aylaram,

Farzand deb xudoga..........................

O'zumga nishona deb faryod aylaram,

A folha seguinte está rasgada. Além disso, faltam metade da terceira folha e parte da página a da quarta folha. No entanto, destes meios versos depreende-se que o rei Kishwar (apenas o rei de Roma é assim designado nesta epopeia) se queixa de infertilidade. O ministro Dastur consolou-o e tomou medidas, e em breve nasceu Bahrom, que cresceu corajoso e sábio, hábil em todas as coisas, o seu pai admoestou-o sobre a bondade, a justiça, e gentilmente permitiu-lhe caçar. Estes acontecimentos coincidem com o início (exposição) das obras escritas no enredo de "Bahrom e Gulandom". Não há mais algumas páginas pelo meio. A parte principal do manuscrito começa com a descrição de Bahrom a caçar, a perseguir um veado, a deixar o seu grupo e a maravilhar-se com a imagem de uma cúpula no deserto:[1]

... G'ariblik yerlarda bo'lmisham hayron,

Necha hamdamlardan judo ayladi.

Bul chorbog'ni ko'rub bu cho'l aroda,

____

[1] Na versão em prosa, o lugar do velho é descrito como uma montanha.

Kirib ko'rdim bo'lub otdan piyoda.

Bul suratni ko'rdum hurdan ziyoda,

Aqlim olib meni shaydo ayladi.

Arqomda bor edi anjom sipohim,

G'ariblik yerlara soldi xudoyim.

Qodir mavlon o'zi bo'lg'ay panohim,

Falak mani bo'yla rasvo ayladi.

Bu bog'ni egasi bo'lurmi paydo,

Bu suratga qilsam bu jonim fido.

O'zung to'g'ri yo'la solg'il xudoyo,

Ishq yo'lida mani rasvo ayladi.

Bahrom aytur endi qayon ketayin,

Jon boricha yorni so'roq etayin.

Tanho qoldim kimga dardim aytayin,

Muning ishqi mani gado ayladi. (Página 4b)

O final da obra termina com "e se cada um for fiel ao seu amante, conseguirá atingir os seus objectivos como o Rei Bahrom" (página 67). Como já foi referido, a data no final do manuscrito é 1314 AH (1896). Na nossa opinião, esta data deve indicar o ano em que a obra foi copiada e não o ano em que foi escrita. Não se conhece o nome do livro nem o local onde foi copiado. Uma epopeia anónima (a seguir designada por "obra anónima"), cujo autor é desconhecido no manuscrito 719, ocupa um lugar especial entre as obras intituladas "Bahrom e Gulandom". A epopeia chama a atenção tanto pelo seu conteúdo como pelas suas características artísticas (estrutura compositiva, enredo, linguagem poética, etc.). A epopeia mistura prosa e poesia. Mas a parte poética sobrepõe-se à prosa. Neste caso, não se trata do discurso dos protagonistas, dos diálogos (a narração das personagens, a expressão do seu mundo interior tem um lugar de destaque nesta obra, são escritos em verso), mas muitos acontecimentos são descritos de forma poética. Cada frase ou episódio começa com a palavra "Alqissa" e o conteúdo do acontecimento é contado em frases curtas em prosa, seguidas de um poema após as frases "disse uma palavra", "leu um ghazal", "disse que a palavra é esta". Com uma série de características semelhantes (a maioria dos poemas baseia-se no ritmo aruze, lúdico e simples, os episódios estão impregnados de tradições populares, o ritmo e o tom dos acontecimentos, etc.), a epopeia está muito próxima das epopeias escritas por poetas populares no início do século XX (especialmente as epopeias da série Gorogly). Mas, do ponto de vista do enredo, esta obra está mais em sintonia com a epopeia de Sabir Sayqali (também tem diferenças a este respeito, falaremos disso mais tarde). Vemos isso em muitos sítios nos acontecimentos da obra. É visível tanto na cena da batalha com os gigantes, na representação do incidente no rio, como na continuação dos acontecimentos subsequentes. A diferença do enredo da epopeia anónima em relação à versão persa e a sua proximidade com a obra de Sayqali manifestam-se, antes de mais, na amplitude da descrição dos acontecimentos, no detalhe, na clareza das cenas principais, na combinação equilibrada de aspectos particulares e gerais. Vejamos, por exemplo, a descrição dos acontecimentos do conhecimento e da relação amorosa destes amantes. Como em Sayqali, na epopeia anónima, Gulandom, depois de ter recebido o anel que Bakhrom lhe tinha oferecido, gostou dele, "apaixonou-se de coração", olhou pela janela e foi a primeira a escrever uma carta. O autor desta carta declarou que se tratava de "testar" (tentar). Entretanto,

Davlat entregou cartas. Algumas das cartas têm um conteúdo próximo do texto em prosa persa e da epopeia de Sayqali. Por exemplo:

Ey jafokash sanga ham yurti viloyat bormudi!

Kim asosi tojdori joyi nusrat bormudi?

Bormudi ota-onang, xeshu taboru yoru do'st,

Navkari sardor ila ham shohu shavkat bormudi?

Bormudi yaxshi akobirlar sanga hamroz, ulan,

Izzatu ikrom ila izzu farog'at bormudi?

Yaxshi to'n, yaxshi ot, aslaha bilan yaxshi yarog",

Bog'u zog'a gulshanu kishtu ziroat bormudi?

Bazm aroda dilrabolar sanga hammajlis bo'lan,

Siymtan nozikbadan, ahli zarofat bormudi?

Yangidan bo'ldungmu munda yor uchun majruhsan,

Yoki mundin burna ham bahring jarohat bormudi? (Página 28)

Também lemos este ghazal em Sayqali:

Ey jafokash sanga ham yurtu viloyat bormudi?

Yurting uzra podshohi nomdoring bormudi?

Bormudi ota-ona, xeshu taboru yoru do'st,

Navkaru sardor ila shohu jalolat bormudi?

Bormudi yaxshi akobirlar sanga hamroh o'lon,

Sanga ham shodu alamda hamdam-ulfat bormudi?

Bormudi tengto'sh taloshib o'sgan to'ralar,

Izzatu ikrom ila izzu farog'at bormudi?

Bazm aro xo'b dilrabolar majlisinggo o'lturib,

Siymtan, gulpirohan, ahli zarofat bormudi?

Yangidan bo'ldingmu munda Sayqaliy ranjursan

Yoki mundin burun ham bag'ring jarohat bormudi?[1]

Numa das últimas cartas, Bahrom convidou Gulandom a dar um passeio no jardim e pediu a Davlat que a persuadisse. Davlat também diz:

Ey gulum, kel, ul yigitga va'da xolingni qo'y,

Sarfaroz aylab aning bo'yi sari gomingni qo'y -

persuadiu Gulandom. Gulandom seguiu as raparigas para fora do castelo, sob o pretexto de um passeio no jardim, e as raparigas encontraram Bahrom enquanto brincavam. Davlat (fingindo ver o jovem pela primeira vez) perguntou quem era Bahrom, e este recitou um ghazal. As palavras do jovem agradaram às raparigas, que foram falar com Gulandom. A princesa veio e sentou-se em frente a Bahrom, para o poder ver, e o debate (lapar) começou. Eis um excerto deste diálogo:

Gulandom:

Bayon ayla yigitlarning sultoni,

Ne sababdan bu joylarga kelibsan?

Bu yerga kelganning to'kilur qoni,

[1] Sayqali, "Bahrom e Gulandom". Editora FA da República do Uzbequistão. T. 1960. p.112.

Ne sababdan bu yerlarga kelibsan?

Bahrom:

Mani so'rsang, yorim, Rumning shahridan

Oshiqlik sharbatin ichtimu keldim,

Roziliq olmayin ota-onamdan

Sarimdan, jonimdan kechtimu keldim.

Depois do debate de Bahrom e Gulandom, as raparigas riram-se alegremente e uma delas, uma rapariga chamada Larzon, pediu a Bahrom que lhes lesse um poema. Bahrom leu muhammas na definição das raparigas. Muhammas está na forma ramal do ritmo aruz. No entanto, não se nota em Sayqali. Não admira que o poeta desconhecido tenha as suas próprias obras:

Ey parilar, no'sh etib bir jomi davron ikkimiz,

Ishrat uyiga kirib har shom mehmon ikkimiz,

Dahri dun ichra qilib bir ahdu paymon ikkimiz,

Qo'l tutushib bog'aro sari guliston ikkimiz,

Shul sifat davron surub o'lsak bearmon ikkimiz. (33-a).

O poema recitado a pedido da rapariga Larzon não se encontra nem no Sayqal nem na versão persa. Depois deste muhammas, as raparigas entraram no castelo com Gulandom e, recitando outro poema de Bahrom, o autor começou a descrever a segunda parte da história, dizendo Agora que estes (Bahrom e Gulandom) se ponham aqui e ouçam a palavra de Roma.

A influência direta da epopeia de Sabir Sayqali, a sua utilização por um autor desconhecido, faz-se sentir não só na estrutura trama-compositiva da obra, mas também noutros aspectos. Inspirado pela obra de Sayqali, o poeta, alimentado criativamente por ela, incorporou nalgumas partes os seus poemas na sua epopeia sem modificações (ou com ligeiras modificações). Vimos isso nos exemplos que acabámos de dar. Mas esta semelhança não se encontra apenas no episódio das cartas, mas também noutras partes da epopeia. Eis mais alguns exemplos para provar o nosso ponto de vista. Por exemplo, em Sayqali, depois de matar o exército de Behzod e de se matar a si próprio, Bahrom (eremita) deixou a batalha e foi para o palácio de Gulandom e recitou o seguinte ghazal:

Yorab, ul jonimni olg'on jonajon o'lg'ay nasib,

Bo'stoni umrima sarvi ravon bo'lg'ay nasib. (Página 75)

No manuscrito 719, este ghazal é citado no mesmo sítio, no mesmo contexto:

Yorab ul jonimni olg'on jonajon bo'lg'ay nasib,

Qotili bemarhabo, abru kamon o'lg'ay nasib. (Página 21)

Ou em Sayqaliy:

Ey pari, holim budur, so'zlarda darmon manda yo'q,

Toju taxtu saltanat, shavkatli ayvon manda yo'q.

Bir falak urg'on alamkashman umidim san uchun,

Dilrabolar bazmida soqiy davron manda yo'q. (Página 88)

No Manuscrito 719:

Ey pari, holim budur, so'zlarga darmon manda yo'q,

Toju taxti saltanat, shavkatli ayvon manda yo'q.

Bir falak urg'on alamkashman, asiri g'am,

Dilrabolar bazmida soqiyi davron manda yo'q.

Alguns dos poemas foram significativamente alterados e retrabalhados. Aparentemente, o autor da epopeia anónima memorizou a maior parte dos poemas de Sayqali e citou alguns deles ele próprio, dominando frases e sentenças de uma forma diferente (embora o conteúdo seja apropriado), mas mantendo a forma dos mesmos. Por exemplo, nos muhammas de Sayqali citados pelo rei Kishvar:

Kim sirimni yozg'uvchi sirdoshim erding san mani,

Baski har xilvatda kengashboshim erding san mani.

Ham xatarlik yo'llara yo'ldoshim erding san mani,

Quvvati jonu dilim, qo'ldoshim erding san mani.

Ey sururim sarvarim, jonim madorim bir bolam.

* * *

Man netay sansiz bu ko'shki xushnamoni, jon qo'zum,

Man netay sansiz dushman zilli humoni, jon qo'zum,

Man netay sansiz asosi oliy joni, jon qo'zum,

Man netay sansiz bu taxti ravonni, jon qo'zum,

Chun xaroba bo'ldi sansiz bu diyorim, bir bolam. (Pp. 137-138)

Na epopeia anónima:

Necha kunlar hamdami sirdoshim erding, jon bolam,

Jonu dilni rohati, qo'ldoshim erding, jon bolam,

Elu xalqu qavm ila qardoshim erding, jon bolam,

Bul hayotim borida yo'ldoshim erding, jon bolam,

Bosh olib ketding qayon ey mehribonim jon bolam.

* * *

Man netay sansiz bu ko'shki xushnamoni jon qo'zum,

Man netay sansiz durri qimmatbahoni, jon qo'zum,

Toju taxt boshima qo'shsa jafoni, jon qo'zum,

Man netay sansiz bu umri bebaqoni, jon qo'zum,

Izlasam, endi sani qaydin toparman, jon bolam. (Página 34)

O último verso de um musaddas composto por um poeta desconhecido termina da seguinte forma:

Manam necha sevarlardan judo afkor Sayqalman,

Balo novaklaridan siynasi afkor Sayqalman.

Falak kajrav do'qidan dillari zangor Sayqalman,

Tiriklik lazzatidan dunyoda bekor Sayqalman.

Ko'zumni ravshani sham'i shabistonimdan ayrildim,

Davosiz darda qoldim, marhami jonimdan ayrildim. (P. 39).

A alcunha deveria ter aparecido também nos últimos versos, se este musaddas pertencesse a Sayqali ou estivesse ligado ao ghazal de um poeta desconhecido. Em segundo lugar, Sayqali, em toda a epopeia "Bahrom e Gulandom", deu o seu pseudónimo - "Sayqali". Se este poeta desconhecido tivesse o seu próprio pseudónimo, tê-lo-ia acrescentado aos seus outros poemas, ao passo que só o encontrámos num dos seus poemas. Em nossa opinião, um autor desconhecido criou ele próprio este musaddas e mencionou o seu nome no sentido de uma homenagem a Sayqali. Note-se que, na epopeia "Bahrom e Gulandom", do manuscrito 719, os poemas retirados de Sayqali deixam também o seu pseudónimo, como se o poeta desconhecido, que tomou a obra como "sua", tivesse dado o nome do narrador a cada poema. Por exemplo, o poema recitado por Bahrom é apelidado de "Bahrom", o recitado por Gulandom é apelidado de "Gulandom" e assim por diante. Ao fazê-lo, reforçou ainda mais a ligação do discurso à personagem e aumentou o seu impacto.

Conseguimos descrever as particularidades da obra de um autor desconhecido, as suas diferenças em relação à epopeia de Sayqali e ao texto em prosa persa. De facto, esta epopeia tem muitas particularidades, nas quais é bem visível o talento próprio do poeta, o seu domínio no domínio da poesia épica. Embora, como vimos acima, a obra se aproxime da epopeia de Sayqali com o seu enredo, conjunto de símbolos, conteúdo ideológico, e alguns dos seus poemas, embora o poeta tenha beneficiado da obra do seu antecessor, mas diferiu marcadamente pela mudança de vários episódios na entoação da representação dos acontecimentos, diferenças na composição, tesouro poético, características pessoais do carácter dos protagonistas. O poeta desconhecido era um poeta popular, e este manuscrito deve ter sido registado no seu repertório. Mas a sua epopeia confirma que o poeta conhecia bem a literatura escrita e era capaz de escrever poesia ao nível de Sayqali, mesmo sob a forma de ritmo aruz. Assim, o nosso poeta combinou o estilo da literatura popular com o estilo da literatura clássica, vivendo com a sua criatividade como um criador que apreciava ambas as fontes. Por esta razão, alcançou sucesso na sua epopeia "Bahrom e Gulandom" com o seu próprio estilo, a sua própria voz.

Quando começamos a falar das particularidades da epopeia, debruçamo-nos em primeiro lugar sobre o seu enredo, sobre a habilidade do autor no desenvolvimento do enredo. Isso é evidente desde o início da obra. Como vimos ao falar do manuscrito, havia um rei sem filhos no país romano, tal como o início da epopeia em obras anteriores. Em vez da simples afirmação de que teve um filho depois de ter rezado a Deus, o rei Kishwar (cujo nome não aparece na obra de Sayqali e na versão em prosa chamaram-lhe o rei de Roma) lamentou a sua infertilidade, relatando um episódio em que o ministro Dastur o consolou. Isto, em primeiro lugar, tornou a história impressionante desde o início da obra e, em segundo lugar, introduziu o leitor no facto de o rei não ser um dos "amantes instáveis", de ser justo e sábio e de o ministro ser um empresário. Esta imagem, por sua vez, cria as condições prévias para as qualidades que a personalidade de Bahrom terá no futuro. De facto, para uma criança nascida e criada numa família assim, faz sentido ser justa, inteligente, empreendedora e patriótica. Há também uma diferença na descrição da visita de Bahrom à casa dos gigantes. A obra do poeta desconhecido descreve mais pormenorizadamente a ida do jovem ao jardim, a refeição, o encontro e o interrogatório da irmã de Sayfur, Sarvoso, ao passo que a sua batalha com os gigantes é descrita de forma sucinta. Não há uma descrição exaustiva das batalhas individuais encontradas noutras opções. Nesta obra, Sarvoso deixa o palácio antes da chegada dos irmãos, conhece Bahrom, trata-o com cortesia e humildade e até se apaixona. Mas Bahrom diz que tem uma amante, Gulandom. Mesmo assim, a fada não teve ciúmes dele, mas disse-lhe que os seus irmãos eram maus e pediu-lhe que partisse o mais depressa possível. Bahrom não se importou, ao contrário das obras anteriores, em que Sarvoso e Bahrom se encontravam frente a frente, a representação dos acontecimentos à medida que se reconhecem prepara o terreno para os acontecimentos posteriores. Ou seja, prepara o terreno para que Bahrom derrote os gigantes e os mate, amarrando-os a uma árvore. Quando Bahrom estava prestes a derrotar os gigantes e a amarrá-los a uma árvore para os matar, a rapariga pediu-lhe que perdoasse os pecados dos irmãos e recordou a Bahrom a admoestação do pai para fazer o bem e perdoar. Bahrom libertou-os como recompensa pela hospitalidade e pelo sal. Outra diferença importante no enredo da epopeia do manuscrito 719 é o episódio da batalha de Bahrom contra Behzod e o seu herói Sherafkan. Na obra de Sayqali, Sherafkan não veio com Behzod, mas com o exército de Navshod, que queria o sangue de Behzod, e lutou com Sayfur e morreu. Ou seja, foi citado no final da obra. Este facto é mencionado na primeira batalha (no meio da epopeia). Quando Bahrom desceu ao palácio, viu as tropas durante o dia e não dormiu à noite. - recitou um poema (que não se encontra noutras epopeias), depois pegou nas suas armas e foi para a batalha ao lado do exército de Fagfur. Derrotou primeiro Sherafkan, depois lutou com Behzod até ao fim da tarde e separou-se ao fim da tarde. Em seguida, convocou Shammos, como descrito em obras anteriores, trouxe o exército de Sayfur e, à meia-noite, efectuou um massacre. Ao colocar Bahrom numa batalha individual, o autor pretende demonstrar mais uma vez a força, a coragem e a bravura do príncipe. Não recorreu imediatamente à ajuda dos génios, mas chamou-os depois de não ter dado o seu melhor. Fagfur também assistiu ao combate individual de Bahrom e admirou-o, tentando mesmo encontrá-lo e dedicar-lhe a coroa. Tudo isto enriquece o enredo, que se desenvolve em direção ao clímax, ajudando a revelar o seu crescimento em pormenor, a revelar mais claramente as características do carácter do protagonista.

O episódio do tratamento da carta através de Bahrom e Gulandom reflecte também algumas das diferenças, bem como a proximidade (já o vimos) com a epopeia de Sayqali. Em primeiro lugar, é de notar que, nesta epopeia, a cerimónia do face-show é acompanhada pelo evento da cerimónia do "Kushoyish" (angariação de fundos) em Navruz, e Bahrom levava a garrafa e olhava para fora do buraco antes destas cerimónias. Gulandom pegou no anel e olhou para Bahrom através da janela, sem pestanejar para Bahrom como em Sayqali, nem é dito que ela afastou as raparigas e chorou secretamente. Apenas se narra que a rapariga seguiu Bahrom através da janela e, quando se apaixonou, chamou Davlat e enviou uma carta.

Há também uma diferença no conteúdo e na forma de expressão das cartas. Na primeira carta, Gulandom exprime o seu amor pelo trabalho de Sayqali e, para "experimentar" Bahrom, diz subitamente

> Ko'shk ostida yotg'on gado,
>
> Yo'qolg'il, turmag'in munda.
>
> Musofir ekansan halo,
>
> Yo'qolg'il, turmog'il munda.
>
> Munda tursang o'lduraman,
>
> Tiriklayin suyduraman,
>
> O'tg'a solib kuydiraman.
>
> Yo'qolg'il, turmag'il munda. (24-a)

- é ameaçado. A resposta de Bahrom, ao contrário da de Sayqali, está em consonância com a carta de Gulandom:

> Arzi holim aytay senga,

O'ldirsang ketmaman mundin.

Vatan bo'ldi bu yer manga,

So'ydirsang ketmaman mundin. (24-b).

Se Gulandom apelidava o seu nome nas cartas, Bahrom acrescentava "namadposh" (eremita). Também nesta obra, o amor expresso por Bahrom nas cartas, a identidade do jovem por Gulandom, a sua origem é questionada e por vezes "insultada", mas a maior parte das cartas diferem no significado. Nelas, o uso das palavras é muito mais livre, a utilização de frases inesperadas, "palavrosas", típicas das epopeias, falando com palavras simples e "domésticas" é evidente. Por exemplo, Gulandom diz numa carta:

Man so'rayin sandin emdi azizim,

Qaysi yerdan kelding, aylagil izhor.

Ham oting ayt manga, sohib tamizim,

Qaysi joydan kelding, aylagil izhor.

Magar kelding Koshg'ar birla Yamandin,

Churchutdin, Qalmoqdin, Xitoy, Xo'tandin,

Tojikdin, O'zbekdin va yo Ho'qanddin,

Qaysi joydan kelding, aylagil izhor.

Samarqand yurtidin, bilmam Buxordin,

Miyonkon elidin, Qarshi, G'o'zordin,

Shahrisabz yurtidin, Zangi, Hisordin,

Qaysi joydan kelding, aylagil izhor.

Badaxshon yurtidin, bilmam qayondir,

Hindiston, Qobuldin e Qandahordin,

Shibirg'on, Aqchadin, Balxi bahordin,

Qaysi joydin kelding, aylagil izhor.

Farang, rumiysan, yo shahri Bog'dod,

Mashhaddin, Tehrondin, ey ahli noshod,

Odamzod ahlidin sensan, qayu zod,

Qaysi yerdan kelding, aylagil izhor. (P. 27).

Outra caraterística das cartas da obra do poeta desconhecido é o facto de não ter uma parábola-narrativa a ser anexada no final de cada carta, como acontece na versão persa e em Sayqali. Também neste caso, é visível que o autor tentou ser conciso.

O manuscrito 719 descreve a descoberta da mensagem de Bahrom por Shabrang, a sua preparação para uma viagem à China, a sua procura de Bahrom, o casamento de Gulandom e a relação entre uma rapariga e um jovem após um casamento.

Na obra do manuscrito 719, a descrição, que inclui o trabalho, a descoberta de Bahrom por Shabrang, a preparação para a viagem à China, a descoberta de Bahrom, o casamento com Gulandom, a relação entre a rapariga e o jovem após o casamento, é feita de forma extensiva. Este facto deve-se, em grande parte, à extensão do discurso do protagonista, ao pormenor da expressão dos sentimentos íntimos. Em contrapartida, o poeta abreviou os episódios da batalha de Navshod, do banquete e da invocação dos génios. Verifica-se que o poeta desconhecido preferiu contar brevemente os episódios secundários, concentrando-se na representação de acontecimentos relacionados com as personagens principais e que complementavam a sua imagem. Nesta obra, para além de outros heróis, Bahrom e Gulandom, são também aperfeiçoados os símbolos de Kishvarshah, Dastur, Fagfur. Uma das características não observadas na obra de Sayqali na epopeia é o facto de a promoção do Islão ser mais forte. Bahrom é visto como um defensor do Islão (derrotando os gigantes e convertendo-os ao Islão, insultando Behzod e Navshod como infiéis, perguntando a Dastur sobre o país, o bem-estar do mufti, os recitadores).

Outra diferença em relação à obra de Saykali, em termos de composição, é a ausência de títulos na epopeia do poeta desconhecido. Nela, os acontecimentos estão diretamente ligados uns aos outros, sem referência a qualquer narrador ou soqiy.

As personagens da epopeia são meticulosas e vivas. Bahrom é visto como uma pessoa que se esforça por ser boa desde o início da obra. Não é um amante vulgar, mas um homem que faz o bem às pessoas o melhor que pode, resolve problemas difíceis com coragem e bravura e, no amor, é um homem fiel, leal e altruísta. O símbolo cresceu e revelou-se de episódio para episódio. O autor prepara o seu protagonista para os desafios, fundamentando-os com um argumento convincente e uma descrição dos pormenores com os seus traços de carácter e acções. Bahrom é sempre um defensor do povo, um defensor da verdade e da justiça. O príncipe não pensou que seria um caminho fácil para chegar à amante, colocou-se nas fileiras dos amantes lendários.

Majnundayin Layli uchun o'rtanib,

Farhod kabi Shirin uchun yolvorib,

Vomiqdayin Uzro uchun jon berib,

Podsho boshim emdi gado aylaram. (6-a)

Bahrom encarna a ideia do povo como gémeos com coragem, bravura, igualdade no amor, amor, heroísmo e bravura, pureza e honestidade, devoção: os reis e os príncipes sonhavam ser tão nobres e sábios. Embora a direção geral do enredo da epopeia e os acontecimentos nela ocorridos sejam de natureza romântica, mas as ideias populares nela contidas, as imagens vívidas têm uma base real que representa o espírito da época em que o poeta viveu. A igualdade no amor, o canto de devoção, a escolha de um amante pela rapariga, a defesa do direito ao amor, a sua representação como um dos principais símbolos da obra, como inteligente, esperto, significa a promoção de ideias educativas importantes para a vida do século XIX. O poeta expressou as aspirações das mulheres oprimidas ao criar a imagem de Gulandom. Para além disso, as ideias de coragem, honestidade, generosidade, justiça e paz, expressas na epopeia, também tinham um significado positivo para a época. O poeta desconhecido condena os episódios de guerra, os inúmeros derramamentos de sangue que ocorrem entre reis por algo insignificante, e glorifica os negócios, os poetas justos e patrióticos, os ministros.

Estas ideias estavam de acordo com o entendimento que o povo tinha de um rei justo. Estas ideias estavam presentes não só em "Bahrom e Gulandom", mas também noutras obras, nas epopeias cantadas no repertório dos bakhshis.

Por um lado, na literatura, verifica-se um aumento da descrição de acontecimentos na vida do povo, a promoção de ideias iluministas (como Furkat, Kamil Khorezmi), por outro lado (como Makhmur, Muqimi, Zavqi, Avaz), por outro lado, foram criadas muitas obras de vários géneros, promovendo a noção de um governante justo e expressando-a num novo contexto. O grupo seguinte inclui mais livros populares. Reflectem mais as percepções do povo de uma sociedade preservada durante séculos. Estas obras, com o seu conteúdo populista, são parte integrante da literatura progressista em geral, e é conveniente estudá-las deste ponto de vista.

A epopeia do poeta desconhecido "Bahrom e Gulandom" é uma obra-prima. Isto é evidente não só na estrutura composicional, na perfeição da imagem, mas também na doçura, simplicidade e sinceridade da linguagem artística. Em particular, a parte poética da obra é muito rica e colorida. A ampla observação artística do autor, a sua perceção poética, a sua singularidade lúdica e a sua naturalidade na representação dos acontecimentos surpreendem o leitor. A poesia é a parte principal da obra. Cada poesia, com o seu conteúdo e forma, corresponde ao estado de espírito específico do protagonista. Os poemas existem em diferentes géneros, diferentes tamanhos e estruturas, métodos de rima. A rima, a rima interior, está presente em quase todos os poemas. Além disso, em muitos poemas, são comuns as reflexões repetitivas típicas das epopeias. Um exemplo:

> Taxt ustida turgan ey go'zal dilbar,
>
> Jonim oldi shirin so'zlaring saning.
>
> Xizmatingda bo'lg'on necha kanizlar,
>
> Aqlim oldi qaro ko'zlaring saning.
>
> Rum shahrida erdim davronlar surub,
>
> Ishqingda gadoman cho'llarda yurub.
>
> Mast bo'lub yiqildim jamoling ko'rub,
>
> Jonimni oladur yuzlaring saning.
>
> Ximchadek buralib taxtga chiqqaning,

Jonim olur har dam qiyo boqqoning.

Ko'ngluma jamoling o'tin yoqqoning,

Gadolar ayladi bozlaring saning.

Bu ko'rgon tush erur yo xobu xayol,

Aqlim boshdin ketib bo'ldi tilim lol.

Gulandom parizod, ko'rsating jamol,

Qonim to'kdi qaddu kamoling saning. (Página 22-a).

Este exemplo é um exemplo vivo do estilo poético utilizado nas epopeias populares uzbeques. O poeta aproveitou bem as oportunidades do ritmo aruz, típico da língua dos povos turcos. Para tornar a melodia e o ritmo dos poemas coloridos, dispôs as estrofes de forma diferente. Em muitos sítios, está escrito em versos poéticos. Por exemplo:

Rahming kelmas sevar yorim, dog' ustiga dog'ing nadur,

Ayo sho'xi dilozorim, bul sitam qilmog'ing nadur.

Shoh edim man, gado qilding diyorimdin judo qilding,

G'aribu benavo qilding berahm bo'lmog'ing nadur. (Pp33b-34a-
)

Shoir ahyon-ahyonda:

Og'zi pista, ko'zi bodom,

Shirin-shirin tillari bor.

Bahrom aytur: g'arib bo'ldum,

Bir toza gul edim - so'ldim.

Yorim istab munda keldim,

Yuragimda dog'lari bor. (P 7a-).

Para além de tais estereótipos, quase todos os poemas da obra são utilizados para encontrar expressões simbólicas novas e originais que descrevem o mesmo acontecimento, tornando-o artístico, de acordo com a imagem de um determinado episódio ou do protagonista. É por isso que nela encontramos poemas que exprimem o sofrimento do amante, bem como melodias de despedida e separação, canções alegres e festivas nos momentos de encontro, bem como exemplos ricos em humor ligeiro, anedota e prazer. Por exemplo, Bahrom olhava para Gulandom e dizia: "que era caprichosa mesmo depois do casamento":

Kel, ey hurim, paridursan,

Birgina boq jigi-jigi.

O que é que eu faço?

Birgina boq, jigi-jigi.

Mening holim xarob etma,

Jigar-bag'rim kabob etma,

Bu jonimg'a jafo etma,

Birgina boq, jigi-jigi.

Bergil husningni bojini,

Bukun qilay xirojini.

Baxsh etsam taxtu tojini,

Birgina boq, jigi-jigi.

O poeta desconhecido era também um mestre da criação sob a forma de ritmo aruz, como o prova a maturidade artística dos seus ghazals, muhammas e musaddas. O poeta, com o poder da poesia, magia encantadora, deu um novo espírito à epopeia, tornou-a surpreendente, legível.

Esta breve análise da epopeia do poeta desconhecido revela que o autor da obra aproveitou as boas tradições da poesia épica clássica uzbeque e o tesouro interminável - o folclore, deixando uma herança literária única escrita com talento e capacidade. A sua epopeia é uma obra que combina características do folclore e da literatura escrita. A epopeia é uma memória literária digna de um estudo extenso e aprofundado, tanto em termos de história do folclore como em termos de literatura clássica.

5. "A história do Príncipe Bahrom e da Princesa Gulandom"
Tradução do persa por Sirojiddin Sidqiy Khandayliqi

Sirojiddin Sidqiy Khandayliqi (1882-1934) é um homem talentoso que deu um contributo digno para o desenvolvimento cultural do movimento literário usbeque do final do século XIX e início do século XX com o seu trabalho criativo multifacetado, poemas em vários géneros, pinturas e desenhos. Desenvolveu a literatura uzbeque com os seus poemas humorísticos, que julgam funcionários e muftis, pessoas envolvidas em fraudes e traições, propagandearam as ideias do iluminismo, nos seus escritos, no final da sua vida, cantou a liberdade, a igualdade e a felicidade, e cantou as ideias do iluminismo ainda mais alto. Os poemas humorísticos do poeta, tais como "A comédia sobre os dez juízes das fortalezas", "A história de Tora da aldeia de Chimbay", "A história de Nosirkhan Eshan de Tashkent", "A história de bangi eshon qazi Sudratma Chopon", "Pura liberdade" são obras importantes que reflectem. Sidqiy Khandayliqi participou ativamente nas publicações periódicas de língua uzbeque no Turquestão. Os seus artigos, traduções e poemas foram frequentemente publicados em jornais como "Sadoyi Turkiston", "Sadoyi Fergana", "Taraqqiy", "Turkiston viloyatining gazeti", "Shuhrat" e em várias revistas. Sidqiy Khandayliqi colaborou com os poetas progressistas e nacionalistas do seu tempo, como Furkat, Muqimiy e Kami, e associou muhammas aos seus ghazals. Sidqiy Khandayliqi era também conhecido como um tradutor talentoso, fluente em árabe e persa, e os seus livros, tais como "As Mil e Uma Noites", "Boston", "Karamo" (obras de Saadi), "Bahrom e Gulandom", traduzidos por ele, foram muito difundidos entre o povo. Além disso, copiou obras raras de grande importância na literatura uzbeque, preparou-as para litografia, decorou muitas delas com pinturas e a sua caligrafia era popular não só na Ásia Central, mas também em Kashgar e no Irão.

O livro "A História do Príncipe Bahrom e da Princesa Gulandom" foi traduzido por Sidqiy Khandayliqi em 1329 AH (1911 AD) e impresso em Tashkent na tipografia "Gulomiya" (Orifjonov). O prefácio do poeta refere que o fez a pedido do seu amigo Mirza Ahmad. A tradução foi efectuada em Andijan.

Acrescentou à tradução o louvor a Deus e o prefácio poético "A Causa da Tradução", foi também o secretário e pintor da obra, de acordo com os acontecimentos característicos do enredo da epopeia, foram desenhados quadros por todo o lado e assinados "Sirojiddin Mahdum com um número humilde". Sidqiy não disse a partir de que cópia traduziu a epopeia, apenas disse:

> Manga Mirzo Ahmad aylab duo,
>
> Bu yanglig' ado ayla dedi muddao:
>
> Muni turk lafzig'a kelturg'osin,
>
> Dog'i borcha baytini turk etg'osin,
>
> Ki jumla xaloyiq olur manfaat,
>
> Xudodin tilar haqqinga ma'rifat.

e exprimiu a sua satisfação com o trabalho. No entanto, após a leitura da tradução, torna-se claro qual a versão da epopeia utilizada pelo autor: baseia-se numa cópia litográfica de "Bahrom e Gulandom" (no Irão e na Índia). Muitos exemplares desta obra persa estão guardados no Instituto de Estudos Orientais, com o nome de Abu Rayhon Beruni, da Academia das Ciências do Uzbequistão. A maior parte deles são cópias reimpressas da história.

Destes exemplares, seleccionámos a edição impressa em 1901 (1319 AH) na tipografia Navlakshur, em Laknov. Esta cópia é mais completa do que as outras e foi impressa com elevada qualidade. Este original persa, tal como a tradução de Sidqiy, chama-se "A história do rei Bahrom e da rainha Gulandom". A história corresponde não só à direção do enredo, mas também à tradução com as suas expressões e imagens. Pode dizer-se que o tradutor traduziu todos os acontecimentos da obra para uzbeque, as expressões figurativas traduziram claramente as metáforas e as frases.

Por exemplo: "Mas os narradores das notícias e os narradores das obras narraram e os papagaios de fala doce dos papagaios de fala açucarada trouxeram-no no Jame'ul Hikayat, havia um rei sábio, prudente e perfeito na terra de Roma, com muitos servos e riquezas, e riquezas inumeráveis, e nenhum egoísmo, exceto que ele sonhava em ter um filho amoroso. Quarenta anos depois, Deus abençoou-o com uma criança preciosa que não se parecia com nada debaixo da roda azul. Quando esta boa notícia chegou ao rei, este teve piedade dele, com grandes riquezas e inúmeras jóias, e dos pobres e necessitados, e deu-lhe o nome de Bahrom...".("Ammo roviyoni axbor va noqiloni osor va to'tiyoni shirinsuxani shakarguftor dar "Jome'ul hikoyot" ovardaand, ki dar mamlakti Rum podshohe bud oqil va orif va komil bo xidam va hashami bis'yor va zaru moli beshumor va az hech chize bar xotiri xud huture nadosht, magar on, ki ba jihati yak farzandi dilband orzu dosht. Ba'd az chihil sol xudovand farzandi arjumande ba o'karomat farmud, ki dar zeri charxi kabud mislu monand nadosht. Chun in mujda ba shoh rasid, moli bisyor va zaru javoxiri beshumor va faqiron va miskinon marhamat farmud va on pisarro Bahrom nom nihodand...").

Tradução de Sidqiy: "Mas os narradores das notícias e os narradores das obras narraram no livro Jame'ul Hikayat que, havia um rei em Roma que era sábio e havia um tesouro inumerável, e um grande exército. O Deus Bendito e Exaltado deu-lhe tudo, exceto que não tinha filhos. Louvado seja Deus, deu-lhe um filho aos quarenta anos de idade, ao nascer do sol. Quando esta notícia chegou ao castelo em Roma - ele deu muitas riquezas aos pobres e aos necessitados, e deu o nome ao seu filho Bahrom..." (p. 3).

O tradutor não fez qualquer alteração para além de encurtar as passagens poéticas da história e de as omitir em alguns sítios. Embora a origem persa da obra seja maioritariamente prosa, ocasionalmente são citados versos poéticos de Bahrom e Gulandom. Em particular, as cartas enviadas pelos amantes um ao outro são escritas em poesia. Este facto confere à obra um espírito artístico, servindo para exprimir mais profundamente os sentimentos dos protagonistas. Por outro lado, todos os versos das cartas poéticas consistem numa cadeia de pensamentos que se complementam, formando um certo ciclo de desenvolvimento do enredo. Na troca de cartas, revela-se a relação entre Bahrom e Gulandom, as suas características pessoais, e dá-se o processo de aproximação de dois corações amorosos. Sidiqiy Khandayliqi não omitiu os poemas épicos persas nem os citou em pormenor. Abreviou os versos destas cartas tanto quanto possível. Por exemplo, a primeira carta de Gulandom é, de facto, composta por 12 versos. Nela, Gulandom diz a Bahrom para não se juntar às fileiras dos amantes altruístas, ou então ele morreria como uma borboleta antes de chegar ao encontro. A tradução contém apenas 2 versos desta carta, 1 dos quais é dedicado à imagem da vela - borboleta. O conteúdo dos restantes versos é descrito em prosa nalgumas cartas, enquanto outros são omitidos nas cartas. De um modo geral, Sidqiy Khandayliqi utilizou o seguinte método na tradução das cartas 1) traduzir um ou dois versos de poesia do início da carta; 2) dar o conteúdo dos restantes versos em prosa; 3) narração de histórias simbólicas; 4) traduzir um verso do final de uma carta num poema. Eis um exemplo. A primeira carta de Bahrom a Gulandom:

Alo ey oftobi burji shohiy,

Ruhat majmuai lutfi ilohiy.

Shuda hayron ba ruxsori chu mohat,

Dilam oshuftai zulfi siyohat.

Zi hijronat dili purdard doram,

Labi xushku jabini zard doram.

Baroram har zamon az furqatat oh,

Siyah dorad zi oham chehrai moh.

Zi ishqi ro'yi tu devona gashtam,

Zi xeshu oshno begona gashtam.

Chu zulfi tobdorat beqaroram,

Chu chashmoni mastat purxumoram.

Zi ishqi mohi ruxsorat xarobam,

Dili purotashu chashmi purobam.

Chu abro'yat qadi boriyk doram,

Chu geso'yat shabi torik doram.

G'aribu bekasu zoru nizoram,

Ba juz girya naboshad hech koram.

Chi sozam, chun kunam, g'am boki go'yam?

Davoi dardi hijron azki ki cho'yam?

Hadisi man buvad monandi bulbul,

Ki jon ashboxt bahri Furqati gul.

Tu har sole namoy chehra chun gul,

Shavam madhushi vaslat hamchu bulbul.

Ba oyi manzarat chun bulbuli mast,

Bixohad raft jonam yak shab az dast.

Ba farru johu nozu komrony,

Hozoron sol bodat zindagoniy.

Pareshonam chu zulfat - holam inast!

Biguftam mo'- bamu - ahvolam inast! (Página22)

Tarjimasi:

Ayo ey oftobi burji shohiy,

Yuzung majmuai lutfi ilohiy.

Ko'zum hayronai ruxsori mohing,

Ko'ngul devonai zulfi siyohing.

Ó Zuhra, Vénus, lua eclipse lunar e ó anjo glorioso, não há dia nem noite na vossa separação. Ó beleza, sou como um rouxinol no teu amor. O pobre rouxinol espera um ano, e quando a flor se junta, o bêbado esquece a sua alma. Se depois voltar a si, não poderá voltar a ver os botões da flor. Agora, querida, depois de algum tempo, mostrar-me-ás o teu rosto como uma flor, pois tenho medo que a minha doce alma morra com a tua separação.

Yuzungni ko'rsatursan yilda chun gul,

Bo'lurmen mast vaslingda chu bulbul.

Sani bu manzoring ostida ey yor,

Ketar o'xshar qo'limdin jon nochor. (Página 17)

As abreviaturas do tradutor, nalgumas partes, prejudicam o conteúdo das cartas, a validade das ideias.

O texto em prosa é traduzido de forma completa e exacta em todo o lado, e o tradutor conseguiu recriar o conteúdo do original em uzbeque. Embora Sidqy Khandayliqi tenha utilizado palavras e frases persas e árabes na sua tradução como influência do seu tempo, a sua linguagem continua a ser fluente, sumarenta e o seu estilo é atraente. O tradutor tentou não se desviar do estilo original, o estilo da prosa, e preservou a originalidade e o espírito da obra. Citamos a tradução de outra passagem para provar o nosso ponto de vista.

Original: "O sol tinha-se posto, e ele chegou ao jardim, e viu lá um palácio, e no meio dele havia um trono, e uma piscina de água. Havia muitas árvores ao redor da piscina, e a água saía dela e fluía para dentro dela e daquela piscina ele subiu para o prado, que era verde e as flores coloridas do prado estavam florescendo e o príncipe saiu daquela casa, adornado com cavaleiros e uma mordida na cabeça do cavalo e deixou o cavalo naquela grama e ele estendeu suas mãos e seu rosto e o escudo passou sob sua cabeça, e ele dormiu...."("Oftob va zavol rasida bud, ki ba bog'a rasid va qasre did dar on jo va dar miyoni on taxte bud basta va havzi obe bud. Bar davri on havze daraxthoi bis'yor bud va az on bog' ob berun meomad va dar on havz merext va az on havz bar on chaman merafta to kamar sabzavu marg'zor bud va gulhoi rango-rang shukufta bud va shahzodaro az on manzil xush omada, az moriyoni markab zeb omada va lajom az sari markob bardashto va markabro dar on sabza raho kard va hazi buroqi kashola dastu ro'ro saro doda va sipar dar zeri sar guzasht va xobid...".)

Tradução: "Quando o sol nasceu, chegou a um jardim e viu uma torre no jardim e um trono no meio do palácio e uma piscina no espaço entre o terraço e muitas árvores no terraço e a água do jardim vertia para a piscina e da piscina para os prados e os prados com flores coloridas. O príncipe recebeu a visita, desmontou do seu cavalo, veio até à beira da piscina e lavou as mãos. Depois pôs o escudo debaixo da cabeça e adormeceu". (Página 6).

O final do livro termina de uma forma ligeiramente diferente da versão persa que temos: "O príncipe Bahrom libertou o sermão teimoso e a sinna e fê-lo sentar-se no trono e adorou nas mesquitas e o príncipe Bahrom subiu ao trono, a justiça era civilizada e a subsistência. Costumava mandar presentes a Sayfur e Fagfur e eles também mandavam presentes ao príncipe nesta ordem, e esta história seria lembrada por eles (Estas frases não existem de facto) "Deus abençoe todos os jovens." (P. 34).

No final do livro, o tradutor cita o seu nome, alcunha e data, e diz onde foi feita a tradução. Traduzida por Sirojiddin Mahdum Sidqi Khandayliqi, esta história tornou-se popular entre os leitores após a sua publicação e ocupou um lugar de destaque entre as histórias uzbeques "Bahrom e Gulandom".

6. A epopeia "Bahrom e Gulandom" de Fozil Yuldosh ogli

Herdámos muitas epopeias e poemas maravilhosos do poeta nacional Fozil Yuldash ogli. As suas epopeias "Alpomish", "Yodgor", "Rustam", "Murodkhan", "Shirin bilan Shakar", "Malikai ayyor", Balogardon, "Intizor" foram publicadas e difundidas entre o nosso povo. Nestas obras, são cantados os sonhos e as nobres ideias do povo, acalentados durante séculos. O heroísmo, a bravura, a justiça e a devoção, o amor puro e a verdade invencível são glorificados. As suas forças positivas venceram o mal, superaram uma série de dificuldades e torturas, estabilizaram a verdade e conduziram o país e o povo à felicidade e à prosperidade.

Uma das epopeias do repertório de Fozil Yuldash ogli é "Bahrom e Gulandom" - publicada em 1964 pelo folclorista Malik Murodov[1] . Malik Murodov acrescentou também um pequeno prefácio ao livro. Nele, o autor reflecte sobre o significado da epopeia, as ideias principais, os símbolos e dá informações sobre o manuscrito gravado.

Esta obra do poeta Fozil Yuldosh é uma obra que difere significativamente do ponto de vista do enredo entre os épicos com o mesmo nome na língua uzbeque. O poeta reelaborou o enredo com base no seu próprio estilo e pontos de vista estéticos ideológicos, omitindo muitas das suas páginas, acrescentando novos episódios, acontecimentos ou alargando as páginas existentes. Como resultado, as personagens da obra (embora os seus nomes sejam preservados e o seu objetivo seja o mesmo) mudaram em muitos aspectos, e o carácter dos protagonistas adquiriu um novo carácter. Também nesta epopeia, o tema principal é considerado o amor, e o enredo

---

[1] Bahrom e Gulandom. Narrador: Filho de Fozil Yuldash. Preparado por: Malik Murodov. Editor responsável: Xodi Zarif. Editora Uzbekistan R Fan, Tashkent, 1964.

baseia-se na história de Bahrom que vai a Gulandom e a traz. Mas a diferença é que, na cópia em prosa persa, nas obras de Sabir Sayqali e do poeta desconhecido do manuscrito 719, é dada prioridade ao mesmo tema - o tema do amor -, o desenvolvimento do enredo, a passagem dos acontecimentos está subordinada a ele, o comportamento dos protagonistas, as personagens são reveladas com base na resolução deste problema principal. Em particular, vimos acima que nos épicos de Sabir Sayqali e do poeta desconhecido, um grande lugar é dado à imagem do amor, o canto do amor puro, e é-lhes dada especial atenção. Este desenvolvimento do enredo leva a obra a ser uma aventura romântica, com os protagonistas como amantes leais, lutadores pelo amor. Estas características são um pouco enfraquecidas na epopeia de Fozil Yuldosh. Neste caso, o objetivo principal do poeta não é descrever a glória do amor como tema central da obra, mas glorificar o heroísmo de Bahrom, a sua bravura e coragem. Em vez das tentativas do príncipe para conseguir um encontro, transferiu a imagem do seu incomparável heroísmo na caça e na batalha para o centro da obra, expandiu episódios relacionados, reforçando alguns aspectos. Como resultado, a questão do amor foi relegada para segundo plano na obra, e o encontro com Dilorom foi interpretado como o fruto do heroísmo de Bahrom.

Para confirmar o que acabámos de dizer, citamos brevemente o início do enredo da epopeia de Fozil Yuldash ogli.

O rei de Roma, Khusraw (e não o rei Kishvar), queixava-se de infertilidade, um dia a sua mulher deu à luz um filho, a quem deu o nome de Bahrom, que cresceu rapidamente (com um ano de idade tinha a força e a inteligência de um rapaz de cinco anos), estudou na escola, praticou tiro ao alvo, tiro com arco. Aos 15 anos, foi caçar armado sem a autorização do pai e trouxe uma presa, voltou a caçar, lutou com o tigre, voltou a caçar, abateu alguns veados. Depois disso, pediu ao pai autorização para ir caçar numa montanha distante. O rei, em consulta com o ministro Dastur, autorizou o filho (sem assembleia, sem divisão do exército) e entregou-lhe um corcel ao seu cuidado. O rei pede a Bahrom que regresse da caçada o mais depressa possível. "Não te preocupes", Bahrom tranquilizou o pai, dizendo que não haveria caça (preparando o terreno para acontecimentos futuros). Nesta caçada, Bahrom e os seus homens atravessaram uma montanha e uma ravina, atravessaram o deserto e subiram outra montanha, separaram-se e voltaram a espalhar-se pelas ravinas, quando Bahrom caminhava sozinho, um veado surgiu à sua frente e ele perseguiu-o. Depois fugiu e subiu a outra montanha. Depois fugiu e voltou a subir a montanha. Quando escureceu, perdeu o veado e deitou-se, estava triste, desanimado, e de manhã voltou a ver o veado e perseguiu-o. Atravessou de novo o deserto, as montanhas, e quando chegou a uma montanha o veado desapareceu e apareceu a cúpula. Um velho saiu da cúpula e Bahrom perguntou-lhe quem era: chamava-se Kohan, tinha 750 anos. O velho revelou-se o dono do veado. O velho falou-lhe de Gulandom. Bakhrom viu uma fotografia de Gulandom, a pretexto de passar a noite, apaixonou-se e partiu. Note-se que o poeta descreveu estes acontecimentos de uma forma ampla e pormenorizada, em que a prosa é composta com uma rima interna (saj), mesmo quando a parte em prosa é muito rara. Os discursos dos protagonistas, bem como os passeios a cavalo, o processo de caça, etc., são descritos poeticamente como luxuosos, grandiosos e ainda mais exagerados. Nos seus poemas, o autor não só descreve o trabalho de Bahrom, como também o elogia e não poupa palavras para descrever a sua força e poder. Por exemplo:

Bundayin er bu dunyoga kelmagan,

Hech kimda bundayin quvvat bo'lmagan.

Necha pahlavonlar o'tti dunyodan,

Ular ham bundayin ishni qilmagan...

Hech kim bunga teng kelmas,

Bahrom ishin hech kim qilmas.

Siz-bizning xonimiz Bahrom,

Qahramon jonimiz Bahrom.

Elga sultonimiz Bahrom,

Yo'lbars bunga duchor kelgan.

Kuni bitib duchor bo'lgan,

Shundayin haybatli Bahrom.

Yo'lbarsga vahshatli Bahrom,

Vahshiylar ichida quvvatli.

Yo'lbarsdan ham siyosatli,

Kim qilgan bundayin ishni.

Yo'lbars bilan bu surishni,

Iskandar dunyodan kechdi.

Nechovlarning tayi ko'chdi,

Yo'lbars Bahromga duch bo'lib.

Bu ham ajal mayin ichdi. (Pp20-21)

O poeta descreveu o herói amado não só a si próprio, mas também o seu cavalo, o seu equipamento, as suas armas (este método é também utilizado noutras epopeias de Fozil Yuldash). Eis o cavalo de Bahrom: "... Sagrin transborda as orelhas como um pássaro voador, as suas orelhas são como juncos, olha para a estrela, voa, abre a boca e acelera. Depois agarrava nas rédeas do cavalo, arranhava-lhe o corpo, varria-lhe todos os lugares e selava-o..." (p. 25). Neste caso, encontramo-lo na maioria das obras do poeta Fozil:

Ushbu damdan o'zga damni dam demang,

Mana yo'lbars debon sira g'am yemang.

Bu Bahromni yo'lbarslardan kam demang,

Dushman bo'lsa kesib bag'rin tuzlayman.

Aslim sherman o'zim yo'lbars izlayman -

os versos maravilhosos que escreveu, bem como os métodos contrastantes e exagerados utilizados para exagerar a bravura do herói. A epopeia continuou assim, neste tom. Bahrom chegou a Gulistan, a cidade dos gigantes, sem desmontar nem comer durante quarenta dias (noutras epopeias, caçava, descansava e dormia). Quando aqui desembarcou para descansar, foi banqueteado por donzelas, depois avisaram o jovem com Sarvoso, este sentou-se despreocupadamente, quando se trata do episódio da luta contra os gigantes, é preciso dizer que, neste, Shammos e os seus outros irmãos são muito facilmente derrotados por Bahrom, este só lutou mais com Sayfur (primeiro com uma arma, depois a cavalo, depois fora do cavalo - isto também está em persa). Para salvar os gigantes, não Sarvoso, mas Sayfur chorou, pediu desculpa e arrependeu-se. A festa das fadas gigantes é também brevemente mencionada, ao contrário de outras epopeias. Em vez disso, a história da luta com o gigante Aqrat é amplamente descrita (mais uma vez para mostrar o heroísmo de Bahrom), tal como a batalha com a baleia é também descrita em pormenor.

Quando Bahrom se estava a despedir de Sayfur, todos se ofereceram para ir juntos e ele disse: "Sou Bahrom, tenho um nome heroico. Que as pessoas não falem, tenho medo de andar sozinho, sigo um grupo de boleias". (P. 68).

O príncipe entrou na cidade de Chin com as pessoas do navio e desceram juntos para o palácio. À noite, vagueou pela cidade e não conseguiu encontrar a mansão de Gulandom. No regresso, ouviu dizer que Behzod Bulgar tinha trazido um exército para a cidade. Na epopeia de Fazil Yuldash, Behzod começou por enviar um enviado a Fagfur e disse-lhe que, se entregasse Gulandom, regressaria sem guerra; caso contrário, destruiria a cidade e levaria a rapariga. Fagfur recusou e formou um exército. Um episódio interessante é que o ódio do povo às guerras, à morte de pessoas por reis e princesas é citado pelas pessoas: "Toda a gente diz que este inimigo veio para Gulandom com um exército. A bela filha do rei causou a morte do povo. Quem morre, quem fica. As crianças andam em grupos a rugir, para saber o que vai acontecer. " (p. 85).

Bahrom, tal como na epopeia de um poeta desconhecido nesta peça, não lutou sozinho contra Behzod (o episódio Sherafkan não existe de todo em Fozil Yuldosh), tal como na versão de Sabir Sayqali e na versão persa, convocou um exército de génios durante a noite e levou a cabo um massacre. Shammos lidera o exército de génios.

O episódio da correspondência entre uma rapariga e um jovem, que é a parte principal do enredo de "Bahrom e Gulandom", é abreviado em Fozil Yuldosh (ao contrário dos épicos anteriores). Não há incidentes como Bahrom a recitar poesia à volta do castelo, Gulandom a mostrar o rosto, Bahrom a olhar para fora do buraco, a recitar ghazals no chão, a escrever poemas românticos. Só foi feita a cerimónia de "kushoish" (angariação de fundos). Quando Davlat levou o anel de Bahrom, Gulandom apaixonou-se pelo seu dono ao vê-lo e saiu para o alpendre da mansão para mostrar a cara à multidão. Quando Gulandom cobriu o rosto com um véu, as pessoas foram-se embora. Mas quando viu que Bahrom estava deitado no chão, vestido com um manto de eremita, disse: "Leva-lhe alguma comida, deixa-o ir, ele está angustiado por causa de mim durante as noites, para que não morra". Davlat põe a mesa e alimenta Bahrom, transmitindo-lhe as palavras da princesa. Bahrom disse: Não vim para comer, estou apaixonado, quero ver Gulandom:

> Ushbu damdan o'zga damni dam demang,
>
> Mana yo'lbars debon sira g'am yemang.
>
> Bu Bahromni yo'lbarslardan kam demang,
>
> Dushman bo'lsa kesib bag'rin tuzlayman.
>
> Aslim sherman o'zim yo'lbars izlayman -

Quando Davlat transmitiu estas palavras a Gulandom, esta escreveu uma carta dizendo: "Uma mão será ferida debaixo do teu sovaco" ("Qo'ltig'ingning tagiga yaralur bir dasti xas") (uma frase que se encontra em Sabir Sayqali), à qual Bahrom respondeu com uma carta. A carta de Gulandom é constituída por uma única frase em prosa, enquanto a de Bahrom é constituída pelos seguintes versos encontrados na epopeia de um poeta desconhecido:

> O'lib edim tiriltirdi,
>
> Sening shirin so'zlaring.
>
> Aqlimni oldi ko'zlaring,
>
> Ishqingda men o'lib ketsam.

Ko'ma ketsin qizlaring.

Qo'ltig'imning tagiga qo'b yarashdi.

Lo'la bolishday tizlarim,

Yog'dayin eritti meni so'zlaring.

Yozib berdim, olib borar qizlaring.

Gulandom leu a carta e riu-se, dizendo que era mais sábio do que os outros, que sabia que ia morrer de amor por mim. Depois, resumidamente: "Quantos dias, quantos meses se passaram desde então. Bahrom estava exausto de amor, deitou-se debaixo da canção", depois de dada a informação, o depoimento passou para os acontecimentos que tiveram lugar em Roma.

Na cópia em prosa há 10 em ambos os lados, em Sabir Sayqali 11, o manuscrito 719 contém 13 cartas, Nos dois poemas seguintes, após a correspondência, é organizado um encontro de amantes, se for dado lapar (poema dabate), recitando um ghazal, a imagem poética da obra é reforçada neste ponto, Na epopeia de Fozil Yuldash ogli, as cartas são divididas em duas partes, a descrição dos restantes acontecimentos é omitida, e este episódio abreviado é também narrado apenas em prosa. O poeta descreveu o heroísmo de Bahrom - lutas e batalhas, caçadas - num vasto leque de versos poéticos, mas em prosa descreveu brevemente episódios, festas, casamentos que mostram relações românticas. A descrição dos acontecimentos subsequentes segue o mesmo espírito; tem a ver com a personalidade de Bahrom: encontrá-lo, levá-lo para a casa de banho, batalha com Navshod (Sayfur lutou primeiro com Navshod, mas não era suficientemente forte, pelo que Bahrom o cortou em pedaços com a sua espada e o seu exército foi destruído por Bahrom e Sayfur), regresso a Roma, a história do casamento é descrita com mais pormenor. Quando parte do exército búlgaro foi morto e o resto se rendeu, Bahrom disse

Bular ham yurgan xizmatkor,

Bular nega urush izlar.

Urushni izlagan shohlar,

Bularning ketmog'i darkor.

Qon to'kib yurmoq ne darkor. (Página 110).

Assim, na epopeia de Fozil Yuldash ogli, o foco principal é a representação do protagonista - a bravura, o heroísmo, a bravura invencível do príncipe Bahrom, a imagem das aventuras amorosas é secundária. Para isso, o poeta, para além de ampliar e pormenorizar os acontecimentos que caracterizam o heroísmo de Bahrom no enredo, acrescentou também episódios que correspondem a alguns lugares (caçar três vezes, fazer uma longa caçada, embaixadores de Behzod, etc.). Este facto intensificou o romance e a lenda na imagem de Bahrom, aproximando-o da personagem de Bahrom Gor na epopeia de Firdawsi e, em certa medida, do Bahrom da obra de Nizami (educação da juventude de Bahrom, caçadas sucessivas). A obra passa de uma aventura romântica para uma aventura artística. A obra passa aqui de uma aventura romântica para uma longa-metragem. Assim, a mudança no carácter do enredo levou a uma mudança no carácter dos símbolos, desviando o conteúdo da obra numa direção diferente. Devido ao encurtamento dos episódios de relações românticas na epopeia de Fozil Yuldosh ogli, a imagem de Gulandom não se materializou com as suas características individuais, o seu amor por Bahrom não era razoável. Também vemos Bahrom não como um amante altruísta, mas como um herói invencível. Gulandom parece casar-se com ele por estas qualidades, tendo sido apresentada a ideia de que uma rapariga bonita deve ser tomada por um homem perfeito e forte. Na epopeia, a eloquência do estilo de Fozil Yuldosh, a imagem das batalhas de uma forma assustadora e vívida, as acções heróicas e as marchas são vividamente descritas num poema de ritmo diferente. Por exemplo, o massacre do exército búlgaro por Bahrom é descrito da seguinte forma

> Botirlar maydonda toshib,
>
> Bu maydonda qilichlashib,
>
> Qo'rqoqlarning aqli shoshib,
>
> Ota boladan adashib,
>
> Har kim yurar o'z boshiga,
>
> Kirgan bunday savashiga,
>
> Odamning ko'zi qamashar,
>
> Kesilgan odam boshiga.
>
> Ot ostida kalla qoldi,
>
> Qirq tillali salla qoldi.
>
> Bir arosar urush bo'ldi,
>
> Ikki lashkar aralashdi. (Página 117)

Mesmo antes de os lutadores combaterem, entrar na arena com um poema e uma fanfarronada não é tão forte como nas nossas epopeias anteriores, como na de Fozil Yuldosh. A linguagem de Fozil Yuldash é mais simples e mais vernácula do que a linguagem da epopeia do poeta desconhecido. Os seus poemas também não têm um ritmo e uma forma definidos. Fozil Yuldosh utilizou uma forma poética num discurso, não prestou atenção à alteração ou distorção do ritmo dos versos e as rimas são incompletas. No entanto, a parte em prosa da obra é rica em melodia e rima. Na epopeia do poeta desconhecido, cada fala ou imagem obedece rigorosamente a um determinado ritmo quando definido pelo poema, a fluência e a legitimidade são preservadas, as rimas são completas, até as estrofes dos poemas estão completamente formadas. Mas nele a prosa não é rimada, não é expressiva, mas consiste em frases descritivas curtas e simples.

Assim, a estrutura, a composição e a linguagem da obra estão mais próximas do folclore nas obras de Fozil Yuldash, a sua ligação com a literatura escrita clássica é novamente reduzida. O enredo passou do folclore para a literatura escrita, e daí regressou ao folclore, mas agora tinha mudado e regressado a um carácter muito mais complexo.

A epopeia de Fozil Yuldosh ogli "Bahrom e Gulandom" merece um lugar de destaque entre os melhores exemplos do folclore uzbeque pelas suas ideias folclóricas, coragem, bravura e elevado espírito heroico.

Assim, analisámos quatro obras em uzbeque, intituladas "Bahrom e Gulandom". Três delas são epopeias únicas e uma é uma tradução do persa.

No processo de análise dos materiais disponíveis e das opiniões expressas sobre eles, foi dada especial atenção aos quatro aspectos seguintes: 1) fonte, origem e distribuição do enredo na literatura uzbeque; 2) inter-relações, semelhanças e diferenças das epopeias criadas neste enredo; 3) peculiaridades de cada obra, recuo ou desenvolvimento do estilo, habilidade, etc. do autor em relação às outras; 4) direção ideológica e estética das epopeias, sua importância na vida literária do seu tempo, questões da ideia apresentada. O enredo de Bahrom e Gulandom, muito difundido na literatura dos povos do Próximo e Médio Oriente durante séculos, teve origem na literatura persa-tajique (folclore) e passou de boca em boca como uma pequena história de aventuras. O poeta Sabir Sayqali introduziu este enredo na literatura uzbeque. É também de referir que Sayqali introduziu não só este enredo, mas também vários outros novos enredos na literatura usbeque. As suas epopeias "Hamroh e Khurliqo", "Ibrahim Adham", "Zaynul Arab" e "Ahtamnoma" não existiam na literatura usbeque antes dele. Estas obras existiam na literatura persa sob a forma de contos em prosa. Sayqaliy não recriou estas histórias em prosa na língua uzbeque como histórias vulgares, mas criou cada uma delas como uma epopeia poética separada, parte integrante da literatura escrita, incutiu-lhes novas ideias populares, deu-lhes uma nova vida com a vitalidade da poesia. Foi provavelmente por esta razão que o poeta escolheu o pseudónimo "Saiqaliy" (decorador). De facto, ele enriqueceu e desenvolveu a nossa literatura, decorando e reelaborando antigas lendas.

Sabir Sayqali não só deu uma forma poética à história, como também expandiu o seu enredo, acrescentando aspectos e episódios originais, acrescentando veracidade e clareza à descrição dos acontecimentos, tornando-os convincentes e acrescentando-os ao sistema, consistência em cadeia (integridade composicional). O poeta concentrou-se na glorificação do amor e da devoção, no amor puro baseado no amor, na igualdade, na representação completa dos amantes, na transformação da obra numa epopeia romântica, e a sua epopeia tornou-se famosa entre o povo com as mesmas características. Os episódios heróicos do enredo são secundários em relação à passagem do romance em Sayqali, e o principal não é a recompensa do amor, a violência e a bravura, ela nasce através dos dois lados que se vêem, tentam, mostram devoção, heroísmo, o heroísmo adorna-o, subordinado à ideia de que deve servi-lo e protegê-lo. As alterações introduzidas no enredo serviram este objetivo. Como resultado, o poeta, por um lado, criou uma epopeia de acordo com os seus pontos de vista estéticos ideológicos, por outro lado, desenvolveu um enredo no folclore, desenvolveu-o com base nos requisitos da literatura escrita, dedicada à perfeição e à plenitude.

A epopeia do poeta Sayqali tem um efeito positivo na obra do poeta desconhecido (manuscrito 719) e de Fozil Yuldash ogli (embora um pouco) criada depois dele. Este legado, a continuação criativa da tradição, produziu bons resultados. Em particular, a epopeia, cujo autor é desconhecido, aproxima-se da epopeia de Sayqali na direção do enredo e na estrutura compositiva. O autor continuou a tradição de Sayqali e seguiu o seu estilo criativo. No entanto, não só repetiu o enredo de Sayqali, como também o desenvolveu nesse sentido (aumentando o número de cartas, tentando pormenorizar a relação entre uma rapariga e um jovem, expandindo as aventuras amorosas, incluindo a imagem da relação pós-casamento, a luta individual de Bahrom com Behzod), aumentando a profundidade dos acontecimentos - unindo as contradições num só ponto. Para além disso, o poeta também usou os recursos poéticos de Sayqali. No entanto, transformou a estrutura composicional da linguagem da obra em arte popular, dando-lhe um tom folclórico. Assim, embora o enredo seja no estilo de Sayqali, e de certa forma comum ao carácter dos enredos da literatura escrita (mas é incorreto considerá-lo como um enredo que satisfaz plenamente os requisitos da literatura clássica. Sayqaliy reformulou-o e trouxe-o para a literatura escrita, mas manteve as suas características folclóricas em vários aspectos), mas a imagem está no espírito dos épicos folclóricos em termos de linguagem artística, entoação. Aqui o poeta desconhecido preservou o seu estilo.

Na obra de Fozil Yuldosh, o carácter heroico-aventureiro do enredo prevalece sobre o estilo romântico-aventureiro. Os episódios dedicados ao heroísmo de Bahrom foram alargados, os episódios de correspondência e de encontros foram suprimidos. O enredo começa agora a diferir tanto do original persa como do Sayqal. Promove a ideia de que o amor é alcançado através da bravura e do heroísmo. Assim, o enredo assumiu novamente o carácter de folclore (desta vez o carácter de puro folclore uzbeque), mas neste caso não voltou ao original, mas entrou numa direção diferente.

A análise destas obras mostra que o desenvolvimento de um enredo em diferentes obras de diferentes poetas, a mudança do enredo tem um impacto significativo no conteúdo das obras, nos símbolos da ideia, na personagem, que por sua vez está intimamente ligada à visão do mundo do autor, às suas opiniões ideológicas e estéticas.

Por exemplo, se lermos uma simples história romântica em persa e nos familiarizarmos com as aventuras de Bahrom, vemos que em Sayqali o enredo se transforma num grande épico romântico, as novas ideias e pensamentos foram absorvidos. O poeta elaborou cuidadosamente os seus símbolos, incorporou as suas ideias de amor e devoção na obra, reforçou as verdadeiras qualidades de Bahrom e Gulandom e clarificou a relação entre eles. Em Sayqali, os símbolos do pai de Bahrom, do seu sábio ministro Dastur e de Fagfur também são elaborados e têm uma nova interpretação. Fizeram boas acções como indivíduos positivos, surgiram como homens justos, amantes do povo e da paz. Tudo isto é um reflexo da visão progressista de Sayqali sobre a sociedade.

Depois de Sayqali, o poeta desconhecido, embora nutrido por ele em sua epopéia, criou a obra mais próxima do espírito do folclore, fortalecendo nela o espírito romântico. Neste caso, encontramos agora não só as ideias que surgiram das exigências do século XVIII, mas também as ideias que interessavam às pessoas do século XIX. Isto reflecte-se na representação das cidades da Ásia Central, na expansão da representação da relação entre Bahrom e Gulandom. Fozil Yuldosh oglu reforçou o espírito heroico na sua obra e absorveu os ideais do povo sobre heroísmo, invencibilidade, honestidade e lealdade. Exagerou-os e trouxe o enredo para o primeiro plano do folclore.

CONCLUSÃO

"Bahrom e Gulandom" surgiu no folclore, passando de boca em boca juntamente com muitas histórias heróicas e epopeias, cujos primeiros exemplos foram escritos em língua persa-tajique e tinham uma forma pura e poética. Foi introduzida na literatura uzbeque por Sabir Sayqali. O talentoso poeta revive a história em prosa, transformando-a numa epopeia poética madura, aperfeiçoando o enredo e aproximando-a da literatura escrita. Depois disso, vários outros poetas criaram obras sobre este enredo e criaram novas obras dentro das suas capacidades. Estes dois aspectos do enredo, chamado Bahrom, diferem não só na sua origem (no entanto, como observámos no estudo, é provável que a interpretação das obras criadas no enredo de Bahrom também tenha influenciado o enredo de "Bahrom e Gulandom", porque a primeira descrição dos acontecimentos, os primeiros episódios são algo semelhantes), mas também no conteúdo dos acontecimentos, na ideia, na natureza das questões sobre as quais a interpretação dos símbolos. O protagonista de "Bahrom e Gulandom" é uma pessoa corajosa, sábia e bem-intencionada, fiel ao seu amor, um verdadeiro amante. A questão principal aqui é a questão do amor e da fidelidade. O heroísmo de Bahrom também está sujeito a esta questão. Os acontecimentos de "Bahrom e Gulandom" têm um carácter muito semelhante ao das aventuras dos heróis dos contos populares e das epopeias a caminho da amada.

As diferenças entre os dois enredos garantiram a diversidade das obras neles realizadas.

O enredo de "Bahrom e Gulandom", introduzido por Sabir Sayqali na literatura uzbeque, tem um desenvolvimento ligeiramente diferente. Se Sayqaliy o aproximou do folclore da literatura escrita, deu clareza aos episódios, precisão à imagem, enquanto o curso dos acontecimentos era lógico e mediado, o poeta desconhecido também seguiu o caminho de Sayqali e expandiu os episódios da obra dedicada às histórias de amor, aumentando o número de cartas, melhorando a imagem dos encontros de Bahrom e Gulandom, Fozil Yuldash ogli, por outro lado, mudou o enredo adicionando tais eventos para enfatizar demais essas descrições e exagerar as qualidades heróicas e de atirador de Bahrom. Como resultado, as obras de Sabir Sayqali e do poeta desconhecido eram românticas, enquanto a de Fozil era uma epopeia heróica.

A tradução desta história por Siddiqi Khandayliqi é também uma das obras favoritas dos leitores uzbeques. O tradutor traduziu a história para uzbeque simples e não interferiu com o enredo. O desenvolvimento gradual dos enredos de "Bahrom e Gulandom" reflecte acontecimentos importantes da história da literatura uzbeque. Desta forma, podemos observar a história das relações literárias, as questões de tradição e inovação, o desenvolvimento da nossa epopeia, a evolução das exigências literárias e estéticas de tempos a tempos. Mas estas questões estão entre o trabalho especial a ser feito no futuro. Agora notamos que cada uma das epopeias criadas com base no enredo que considerámos tem um lugar importante na história da nossa literatura, cada uma delas serviu para desenvolver a vida literária do seu tempo, para satisfazer o prazer e as necessidades estéticas dos leitores. A maior parte destas obras são produtos criativos únicos (exceto as traduções e as versões em prosa), que reflectem as exigências da época, a ideia e o estilo do poeta. Estas obras são uma grande parte do nosso património literário, uma prova maravilhosa do desenvolvimento da nossa literatura.

BIBLIOGRAFIA

1. A.A. Gvakharia. "Sobre as versões persa e georgiana de "Bahram e Gulandam"// Journal of the Peoples of Asia and Africa. 1967. No. 2. p. 114.

2. A.A.Gvakharia. Sobre as versões persa e georgiana de "Bahram va Gulandam" // Journal of the Peoples of Asia and Africa. 1967. No. 2, p. 114.

3. A.Abdugafurov. Sátira de Navoi. Tashkent, "Ciência". 1968y.

4. Abu Mansur Abdumalik ibn Muhammad as-Saalibi. Tatimmat al-Yatima. T . Fan, 1990.

5. Aliev R. Sobre Sayqali e a sua obra "Bahrom and Gulandom". Fan. T.1960. p 12

6. Aliev R. Sayqali e a sua epopeia "Bahrom e Gulandom". Dissertação de doutoramento. T., 1964. inv. R.D. 943.

7. B. Valikhodjaev Sobre algumas características das tradições "Khamsa". Sam DU-1961y

8. Bahrom e Gulandom. Narrador: Fozil Yuldash ogli. Preparado por: Malik Murodov. Editor responsável: Xodi Zarif. Editora "Fan" do Uzbequistão, Tashkent, 1964.

9. Coleção de Manuscritos Orientais. Fan. T., II volume. p. 233.

10. Materiais etnográficos. Edição P. Tashkent. 1893. p. 8.

11. Fozil Yuldash o'gli. "Bahrom e Gulandom". Tashkent, Editora Fan. 1964

12. Gafur Gulom Navoi e a nossa era Uz FA informação 1948 y. №5.

13. "Haft paykari Bahrom Shah", tradução de Muhammadrizo Ogahi, Fundo de Manuscritos da UzFA, inv. № 7695, A.M.Muginov, Descrição do instituto Uyghur rukopisey narodov Azii, izd. Vos. lit-ri. M., 1962, pp. 107-108.

14. H.G. Korogli. Dastan "Bahram e Gulandam" Sayqali e a sua fonte // Journal of the Peoples of Asia and Africa. No. 2. 1967. p. 107.

15. Komilov N. Uma viagem ao mundo dos significados. T .: Tamaddun, 2012 Jami e literatura uzbeque (materiais da conferência científica internacional). -Tashkent - Teerão: Al-Hudo International Publishing House, Movarounnahr Publishing House, 2005.

16. Muslihiddin Muhiddinov "Flower of bright hearts", Tashkent, Academia de Ciências do Uzbequistão "Fan" Publishing House, 2007, ISBN 978-9943-09-260-0

17. Muslihiddin Muhiddinov "Wonders of the heart" Tashkent, Editora "Tamaddun", 2021, ISBN 978-9943-5118-2-8

18. Muslikhiddin Mhiddinov "A epopeia de Alisher Navoi "Sab'ai sayyar" tradição e originalidade. Lambert Academic publishing,2021

19. Qadir Fattahi Qazi "Bahrom and Gulandom", Tabriz-1968.p 2.

20. R. Aliyev. Sayqali e o seu poema "Bahrom va Gulandom". Resumo da dissertação de mestrado para obtenção do grau de candidato em ciências filológicas. Tashkent, 1964.

21. R. Aliev. Sobre Sayqali e a sua obra "Bahrom and Gulandom". Sayqali. Bahrom e Gulandom. Fã.

22. R. Aliev. Sobre a epopeia de Sayqali "Bahrom e Gulandom". // Revista "Issues of Uzbek language and literature". 1960s. Número 1. p 93.

23. Sayqali, "Bahrom e Gulandom". Editora FA da República do Uzbequistão. T. 1960. p.112.

24. Sayqali. "Bahrom e Gulandom". Fan. T. 1960. pp. 212-213.

25. T. 1960.p. 6. H.G. Korogli. Dastan "Bahram e Gulandam" Saiqali e a sua fonte. // Journal of the Peoples of Asia and Africa. 1967. No. 2.

26. V. I. Zhirmunsky, H. Zarifov. Epopeia heróica popular uzbeque. M. 1947.p.50-51.

Muslihiddin Mukhiddinov Qutbiddinovich - Doutor em Filologia, Professor da Universidade Estatal de Samarkand, nasceu a 5 de maio de 1945 na cidade de Samarkand. Muhiddinov Muslihiddin Qutbiddinovich é um especialista maduro na história da literatura uzbeque, é um grande representante dos Estudos Navoi em Samarkand, um cientista notável que chamou a atenção da comunidade científica com as suas valiosas investigações científicas neste domínio. Durante a atividade científica de M.Q. Muhiddinov, foram publicadas 15 monografias, 17 manuais de métodos de ensino e cerca de 400 artigos científicos e teóricos. Em particular, as suas monografias como "Um mundo de significado nas interpretações", "Brilho de dois mundos", "Tradições vivas", "Um ser humano perfeito é o ideal da literatura", "Flor de corações brilhantes", "Maravilhas da alma" têm o seu lugar na ciência dos estudos literários.

Em 2016, o cientista foi galardoado com o título de "Treinador de Jovens Honrado da República do Uzbequistão" pelo seu trabalho frutuoso, pelos serviços prestados ao Estado e à sociedade e pela ordem de "Respeito pelo País" em 2020.

yes
I want morebooks!

Buy your books fast and straightforward online - at one of world's fastest growing online book stores! Environmentally sound due to Print-on-Demand technologies.

Buy your books online at
www.morebooks.shop

Compre os seus livros mais rápido e diretamente na internet, em uma das livrarias on-line com o maior crescimento no mundo! Produção que protege o meio ambiente através das tecnologias de impressão sob demanda.

Compre os seus livros on-line em
www.morebooks.shop